신방과 교수의 신문읽기

# 명사와 형용사로만 쓴 진보이야기

조 용 철

전예원

# 머리말

인터넷이 세상을 바꾸고 있다. 인터넷은 소리, 말, 글, 이미지(영상)를 동시에 전할 수 있어 총천연색 영화 같다. 인터넷은 들여다보고 찾는데 편리하다. 어디서나 필요할 때 클릭만 하면 영화를 보듯 화면이 바뀐다.

기술발달에 따른 대중매체의 출현은 신문, 라디오, TV, 인터넷 순이었다. 문자가 생기고 나서 역사가 시작되었다. 그 이전은 상상의 세계일뿐이었다. 라디오, TV, 인터넷도 기본은 문자다. 문자로 된 글이 없으면 프로그램이나 콘텐츠를 만들 수가 없기 때문이다. 반지의 제왕이나 해리포터라는 영화도 문자로 된 소설을 영화한 것이다.

요즘 사람들은 책은 물론 신문조차 읽지를 않는다. 신문 하루 분량은 대략 소설책 한 권 분량이다. 그 속엔 하루의 역사가 기록되어 있다. 그와 같은 역사를 만들어가는 내가 신문을 읽지 않고 역사의 방관자가 된다면 그것은 스스로 자신을 역사의 방관자로 만드는 짓이라 아니할 수 없다.

인쇄매체인 신문처럼 방송매체인 라디오, TV 그리고 인쇄와 방송을 합친 인터넷도 역사를 기록한다고 볼 수 있다. 그러나 방송매체와 인터넷은 매체의 속성상 흘려보

내거나 클릭을 할 수밖에 없다. 온라인(디지털)은 빠름과 다양성이 장점이지만, 오프라인(아날로그)은 느림과 심연성이 장점이다. 편식이 건강을 해치듯, 온라인에만 한눈을 팔지 말고 오프라인에도 열중을 해야 하는 까닭이 여기에 있다.

신문방송학을 전공한다는 대학생들조차 신문을 읽지 않는다. 왜 이런 말이 나오고, 왜 이런 행동이 기사거리가 되는지 토론을 하려 해도 할 수가 없다. 읽지를 않으니 토론이 안 된다. 내가 살고 있는 나라는 물론 세계의 정치, 경제, 사회, 문화에 대해 말을 해야 하는데도 말을 할 수가 없다.

그러나 인터넷엔 말과 글이 넘치고 이미지가 과잉이다. 댓글은 논리보다 감정을 앞세우고 이미지는 진실보다 흥미 위주다. 주어진 여건 속에서 작동되는 인터넷은 그래서 조지 오웰의 빅브라더처럼 권력자의 권력놀음에 맞추어 춤을 추게 된다. 우리는 이미 그러한 경험을 하였다.

읽어야 똑똑해진다. 똑똑한 자 만이 훌륭한 역사를 만들 수 있다. 하버드 대학의 시작은 '엉덩이 붙이기'부터 시작되었다는 어느 유학생의 말이 생각난다. 차분히 앉아 읽는 습관을 기르자. 읽으면 생각이 깊어진다. 20세기 물리학을 만든 하이젠버그와 닐스보어는 그리스 철학의 원전을 읽었고 중성자를 발견, 동양 최초의 노벨 물리학상을 받은 유까타 히데끼는 노자를 읽고 영감을 받았다고 한다.

안식년을 클리블랜드 주립대학교(Cleveland State University)

에서 보내고 있다. 에리 호변에 위치한 이곳은 날씨가 조변석개(朝變夕改)다. 추상화가 김환기 선생이 섬에서 태어나 뭍이 그리워 목포에서 서울로, 또 더 큰 뭍이 그리워 뉴욕으로, 그러나 고국이 그리워 다시 서울로 섬으로 목을 빼고 살다가 저승으로 갔다고 한다. 빅토르 유고의 말처럼 '한계에 대한 목마름' 때문에 이곳에 왔지만 조변석개하는 고국소식에 목말라 목을 빼고 살면서 이 책을 썼다.

클리블랜드 주립대학교 연수에 많은 도움을 주신 이 대학 이재원 박사님(저널리즘 전공)과 미국의 이모저모를 철학적으로 자상하게 설명해주셨던 케이스웨스턴대학(Case Western University)의 김진태 박사님(철학 전공)에게 감사의 말을 전하고 싶다. 이 책이 나오기까지 많은 조언과 노고를 아끼지 않은 김진홍 박사(한국외국어대)께도 감사의 말을 전한다.

2007. 11

*클리블랜드 주립대학교 연구실에서 저자 씀*

신방라 교수의 신문읽기

# 명사와 형용사로만 쓴 진보이야기

## 목차

# I. 진보와 이념

## 1. 무엇이 진보인가

노무현 대통령의 진보관은 이랬다. "진보란 힘 있는 사람이 누리는 권력을 약자도 함께 누리도록 하기 위해 힘없는 사람의 연대와 참여를 중시하는 생각이다. 시장경제를 필요한 것으로 인정하나 시장의 한계와 실패에 주목하고 이를 보완하기 위해 국가의 역할을 요구한다. 개방을 반대하고 대외정책은 평화를 지향한다."(오마이뉴스, 2007.10.18, 오연호의 인물연구)

반면 보수는 강자 또는 기득권의 사상이라고 하였다. 각자의 삶은 기득권을 보호하고 각자의 자유를 보장하여 강자를 따라가면 모두가 좋아진다는 생각이 보수의 기본적인 상식이라고 하였다. 경쟁시장을 넓히기 위해 개방을 하고자 하면서도 약자에 대한 국가보호나 지원에는 반대하고 힘에 의한 질서를 강조하여 갈등을 힘으로 제압코자 한다고 하였다. 힘에 의한 평화를 주장하고 대외적으로는 대결주의를 지향한다고 하였다.

그러나 대통령의 말씀은 현실에서 너무나 많이 굴절이 되어있다. 경찰이 시위대에 맞아도 시위대가 약자이고 국보법 폐지를 주장하면 진보요 개정 보완을 주장하면 보수였던가. 미국에 강경발언을 하면 진보고 동맹강화를 말하면 보수였던가. 아파트 분양가 공개를 주장하면 진보고 반대면 보수였던가.

경제가 죽을 쒀도 성장은 뒷전이고 분배와 복지만 외치면 진보요 실효적 영토선을 경계선이라 주장하면 진보인가. 정보기술과 생명공학 기술로 먹고 사는 세상에 1930년대 농경사회의 민족해방(NL)운동이나 1960-70년대 산업사회의 민중민주주의(PD)를 외쳐야 진보인가. 보수단체 시위에는 경고를 하고 진보단체 시위에는 모른 척 하는 것이 진보인가. 절차적 정의는 무시한 채 나만이 옳다고 주장하는 것이 진보인가.

지금 우리 사회의 진보라는 말은 진보진영이 그 가치를 먼저 차지한 결과 다른 진영이 진정한 진보를 말해도 진보로 인정을 않는 이상한 사회가 되어버렸다. 진보세력이 100년 전 수구세력의 행태를 답습해도 그것이 진보라고 여긴다.

진보가 진보답지 못하자 새로운 진보가 나타났다. 기존좌파 특히 수구 좌파의 행동거지를 비판하고 나선 뉴레프트들은 분배지상주의와 획일적인 평등에 집착하는 기존의 좌파 이데올로기를 극복해야 한다면서 남북통일을 지향하되 북한의 인권문제도 거론을 해야 한다고 주장하였다. 강정구교수와 같은 대한민국의 정통성 부정과 북한체제 옹호발언은 용납될 수 없다고 하였다. 진보는 보수도 진보를 외치며 자아비판에 나섰다. '칠거지악'의 자아비판은 미래를 내다보지 못한 죄, 과거의 추억과 향수를 살려내지 못한 죄, 지키기만 하고 가꾸지 못한 죄, 권위와 권위주의를 혼동한 죄, 특권 오남용의 죄, 자기실현에만 탐닉하고 자기 초월을 못한 죄, 베풀지 못한 죄 등이었다. 보수는 싸우기엔 마음이 약하고 달리기엔 너무 뚱뚱한 사람들이었던 것 같다.

인류의 역사는 진보를 계속해왔다. 19세기 화학의 시대에서 20세기 물리학의 시대로 그리고 21세기 생명공학의 시대로 진보해 왔다. 화학은 물질의 분석과 합성 구조 등을 해명하고 물질상호간의 반응에 주목하였다. 그러나 주목의 단위가 소단위였다. 물리학은 사물의 이치에 주목하여 물질에서 세상 속으로 진일보하였다. 자연의 일부인 사회에도 관심을 가짐에 따라 단위가 커진 것이다. 이제 생명공학은 물질보다는 인간과 생명에 대해 주목하기 시작하였다. 진보는 시대에 따라 인간의 생각과 행동을 전향적으로 바꾸는 것이다.

그런데도 이념론자들은 이상을 현실화하기 위해 자가당착적인 언행을 한다. 부의 분배를 주장하면서도 자신의 부는 재분배를 하지 않는다. 그들의 신념은 세상에 고통을 준다. 과대한 복지와 노동자 선호, 가파른 누진세와 환경보호 등 이상적인 시스템을 갖춘 유럽이 왜 내리막 경제로 갔는지 모른 척 한다. 그리고선 한국엔 유럽과 같은 복지제도가 없었으니 갈 데까지 가봐야 한다는 주장을 하고 있다. 이런 것들이 과연 진정한 진보일까.

## 2. 누가 진보인가

진보는 보수의 반대말이다. 역사적으로 볼 때 보수가 있어 진보가 생겨났지만 진보 또한 스스로 보수가 되어 또 다른 진보를 낳았으니 진보는 언제나 상록수 같은 존재일 수만은 없다.

진보는 앞으로 나아가려 하고 보수는 지키려는 입장이다. 그러나 보수라 해서 전적으로 진보를 외면하거나 진보라해서 보수를 통째로 부정하는 것도 결코 아니다. 과욕이나 과식이 말썽이듯 진보와 보수도 극단을 주장하며 정신과 물질에 대해 과욕과 과식을 하는 사람들이 문제다.

진보의 씨앗은 국민의 정부가 뿌렸다. 그 씨앗이 조급하고 미숙한 사람들에 의해 나무도 아니고 풀도 아닌 이상한 것으로 자라났다. 그들은 단시간에 세상을 확 바꾸어 버리겠다고 함부로 덤벼들었다가 제가 던진 부메랑에 제가 맞아 비명을 지르고 있는 꼴이 되었다.

누가 뭐래도 진보의 선봉은 DJ고 노무현은 그의 후계자라 할 수 있다. DJ가 심령술을 가진 '노회한 진보'였다면 노무현은 조잡하기 그지없는 '야생마적 진보'였다. 노회한 사람은 적당히 주장을 하고 적절히 타협을 할 줄 안다. 그러나 야생마적인 사람은 언제 어디로 튈 지를 모른다. 주장만 넘치고 타협은 없다.

노무현 대통령은 '코드인사'를 통해 진보를 전면에 내세웠다. 장수천 사람들, 어느 날 갑자기 나타난 시민단체 사람들, 사돈 남 말 한 꼴이 되어버린 386 등 신진 정치인들, 염불보다는 잿밥에 눈이 먼 사이비 학자들이 모두가 자칭 타칭 진보였다.

진정한 진보는 시대정신을 먼저 읽을 줄 알고 도덕적으로 빼어나야 한다. 언행이 일치하고 타의 모범이 되어야 하며 늘 형형한 모습이어야 한다. 수준 높은 자신만의 부표(浮標)를 가져야 함에도 그들은 그저 선전선동과 기이한 언행의 마술사 같았다.

세상을 벌컥 뒤집어 놓은 신정아-변양균 사건을 '깜도 안 되는 것'이라고 말했던 대통령, 그러고도 양에 안 차 기자실에 대못질을 해버린 대통령, 시위진압 경찰도 반성하고 시위자들도 한 발 물러나야 한다던 한명숙 총리, 선거결과를 빈심의 반영이 아니라 투표율이 낮아서 그랬다던 이해찬 총리, 빽바지 차림으로 국회의원 선서를 했던 좌충우돌의 유시민 장관, 자신이 쓴 책을 홍보물로 구입케 한 문화재청장......이들이 바로 진보의 표상이었다. "사랑도 명예도 이름도 남김없이 한 평생 나가자던 뜨거운 맹세..."를 목이 터져라 외쳤던 그들이 바로 이들이었단 말인가.

보수가 차꼬 되어 진보의 목을 조였을 때 그들은 완명을 부지하며 '님을 위한 행진곡'을 불렀었다. 이제 배가 불러서인가 아니면 벌써 보수가 되어서인가, 어제의 진보는 더 이상 진보를 못하고 있다. 부산 바닥을 휘저어 놓은 총학생회장 출신의 전 청와대 의전비서관 정윤재씨가 진보였고, 세금 무서우면 집 팔고 이사 가라던 권오규 부총리의 말이 진보적이었던가. 아니면 젊은 여자와 어울려 국정을 농단하였던 변양균 청와대 정책실장의 언행이 진보였단 말인가.

밀턴 프리드먼(Milton Friedman) 은 "입만 열면 개혁(진보)을 부르짖는 사람들은 거의 틀림없이 남들의 이익을 빙자하여 자신의 영달을 추구하는 사람들이며 그들이 정부를 좌우하게 되면 평상인의 복지는 줄어들 수밖에 없다"고 하였다. 하이예크와 함께 자유주의의 선각자로 불리는 미제스(Ludwig Edler von Mises)는 시민이 자신의 이익을 지키기 위해서라도 지적인 투쟁에 뛰어들어야 한다고 하였다. 그 같은 투쟁에서 지면 그에 따른 패배비용은 공동체가 나누어 지불해야 되기 때문이라고 하였다.

미당(未堂) 서정주 시인은 생전에 "버리고 버렸더니 시가 되더라. 언어는 적으면서 사상은 더 큰 것이더라. 애욕 많고 이빨 좋은 사람들이여 사과를 꼭 하나만 먹고 더 먹고 싶은 것을 절제하고 보라"는 말을 하였다. 진보를 독식하려 드는 사람들이 새겨들어야 할 말이다.

## 3. 이념이 뭐길래

이념(ideology. 理念)이란 '한 쪽으로 치우친 생각' 또는 '그 같은 생각의 구조나 체계'(the system of biased idea) 즉 사상(思想)을 말한다.

인간 또는 그들이 모여 만든 사회는 각종의 이념을 갖고 있다. 우파에게는 우파의 이념이 있고 좌파에게는 좌파의 이념이 있다. 좌파와 우파라는 말은 프랑스에서 생겼는데 그 시작은 의회 의장을 중심으로 오른 편에 앉은 당을 우파라 했고 왼 편에 앉은 당을 좌파라 한 데서 비롯되었다. 당시의 우파는 왕당파였고 좌파는 국민의회파였다.

오늘날의 이념은 여당과 야당의 개념이 아닌 '생각'(이념 또는 사상)의 개념으로 바뀌었다. 좌파이념은 마르크스적인 생각을 추구하는 것이고, 우파이념은 아담 스미스(Adam Smith)의 고전적인 자유주의에서 시작, 프리드만(Milton Friedman)과 하이예크(Friedrich August von Hayek)에 이르는 신자유주의적인 생각까지를 포함하고 있다.

어떤 이념이건 그것은 완전무결한 것이 아니어서 절대적인 이념이란 있을 수가 없다. 낳고 자란 환경이나 교육 그리고 사회적 경제적 환경에 따라 '생각'이 다를 수밖에 없다. 따라서 농촌 출신이 퇴비(거름) 냄새를 구수하다고 할 때 도시 사람들은 냄새가 구린데도 구수하다니 말이 안 된다고 생각할 수도 있다. 홍어의 톡 쏘는 맛을 일품이라고 하는 사람들이 있는가 하면 냄새 때문에 역겹다고 말하는 사람들도 있다.

그래서 칸트는 "인간은 대지의 구부러진 나무"라고 하였다. 인간은 자신이 속한 공동체에 편향성을 가질 수밖에 없는 존재(이데올로기적인 존재)라는 뜻이다. 제 아무리 지식이 많고 상상력이 뛰어날지라도 인간은 인간의 조건을 벗어날 수가 없다는 것이다.

앞서 든 보기는 구체적인 사물을 놓고 말하기 때문에 이해가 빨리 가겠지만 추상적인 사안(생각)을 놓고 말을 할 경우 어떤 때는 봄 아지랑이 같기도 하고 다른 때는 여름 안개 같기도 해서 '긴가민가' 애매모호하기 짝이 없는 경우도 많다.

종교처럼 믿으면 신념의 대상이 되고 믿지 않으면 불신의 대상이 된다. 그래서 혹자는 이념을 허위의식(false consciousness)이라고 부르기도 한다. 허위의식은 스스로를 정당화하고 합리화하기 위해 끊임없는 투쟁을 벌여야만 하는 속성을 지니고 있다.

인간의 본능은 이익추구에 있고 이익을 지키려면 계속해서 주장을 해야 하기 때문에 이익과 이념은 동전의 앞뒤와 같다. 사회 또한 이익을 추구하며 이념의 투쟁을 벌인다. 다른 생각을 가진 사람이나 사회끼리 자웅을 겨뤄야 한다. 투쟁이 조화와 상생을 이루면 공생을 하지만 불화와 갈등을 유발하면 공멸을 한다.

지금 우리 사회는 좌우이념 투쟁 때문에 끓는 냄비 속이 되었다. 서구의 선진사회에서는 이미 한물 간 것들을 우리는 금과옥조인양 떠받들고 있다. 그러나 좌파는 스스로를 떳떳이 드러내놓고 좌파라 하지 못하고 진보세력이라 말을 더듬고 있으며, 우파 또한 자신이 '수구꼴통'으로 몰릴까봐 우파로 불리기를 지극히 꺼리고 있으니 안과 밖이 달라도 너무나 다르다.

자본주의는 인간의 본능에 충실한 제도이다. 하지만 인간은 본능을 넘어서는 꿈을 꾼다. 그 같은 꿈을 꾼 사람이 마르크스였다. 그러나 혁명의 열정으로 그를 읽을 필요도 없고 지나치게 냉소적으로 그를 흘겨 볼 까닭도 없다. 플라톤이 국가론에서 제시한 공산주의적인 이상국가가 비현실적이고 헤겔의 절대정신의 구현체로서의 국가관이 비역사적이듯이 마르크스의 노동가치설이나 계급혁명은 현실적으로나 역사적으로 한계가 있다. 좌우 모두 음양이 있다.

삶이 이념을 초월할 때 역사는 문학이 된다는 말이 있다. 여기서의 문학은 '인문학'을 뜻하며 인문은 바로 인본주의를 가리킨다. 제 배 채우고 저희들 잘났다고 소리치는 고성방가는 인문세계에서는 소음이었음을 역사는 말해주고 있다. 이념이란 바로 그런 것이다.

## 4. 좌파 이념

좌파는 마르크스의 이념을 추종한다. 일본의 석학 사카이야는 마르크스이론의 가설을 4가지로 요약하였다. 첫째, 사람은 경제인(homo economics)이다. 재물을 많이 갖고 싶어 하는 사람이 호모 이코노믹스다. 그러나 마르크스 경제학에서는 이 같은 가정의 옳고 그름에 대해서는 거의 언급을 하지 않고 있다. 둘째, 각각의 사회에는 그 사회에 적합한 최적의 규격이 존재한다. 셋째, 이 같은 최적규격을 전문가, 즉 선량하고 유능한 인민의 관리라면 능히 발견을 할 수가 있다. 넷째, 규격에 맞는 대량생산은 반드시 효율이 좋다. (사카이야 다이치, 동경대 강의록, p.288)

사회주의가 좋은 제도이고 사람을 행복하게 해준다는 근거는 바로 이 네 가지 가설에 담겨있다. 사회주의란 조직사회를 지향하는 일단의 주의를 말하며 조직사회는 자본주의 사회(시장주의 사회)와 달리 인위적인 질서(체계)를 가진 사회다. 인위적 질서는 할 수 있는 것을 구체적으로 적시함으로써 자본주의의 열린사회와 달리 닫힌 사회적 특성을 갖는다.

한국 사회는 진보정권 이후 양극화와 분배를 둘러싸고 좌파이념이 정치적인 지배이념으로 자리 잡기 시작하였다. 이웃

이 잘 살기 때문에 내가 못 산다는 생각의 연장선상에서 가진 자의 것을 못 가진 자에게 나눠주자는 정책들이 곳곳에서 나타났다. 좌파이념의 현실화였다. 부동산 정책과 교육 평준화 정책은 대표적인 경우였다.

사회주의자들은 자신들의 신념에 붙인 새로운 제목을 찾는데 심혈을 기울인다. 과거의 개념들이 금방 시대에 뒤진 것이 되어서 신뢰성을 상실하기 때문이다. 재미있는 것은 그들이 표현하는 말들에 주기성이 있다는 것이다. 그래서 원래 마르크스주의를 지칭하던 사회민주주의가 민주적 사회주의에 밀려 자리를 내주었고 그 후 사회주의가 유행에 뒤떨어진 것이 되자 사회민주주의가 그 위신을 되찾았다. 요즘은 신좌파가 공동체라는 말을 자주 한다.(공병호, 10년 후 한국, p.190)

좌파이념인 사회주의는 평등과 분배를 최우선시 함으로써 우파이념인 자유와 경쟁은 도외시한다. 그래서 영국의 여걸 대처는 사회주의의 모순을 이렇게 지적하였다. "부자를 가난한 사람으로 만든다고 해서 가난한 자가 부자가 되는 것은 아니다. 모두가 가난해질 뿐이다. 그런데도 부자를 가난하게 만들고 싶어 하는 심정의 핵심은 질투다. 질투야말로 인류 최대의 비열한 욕망이다. 비열한 욕망에 기초한 정치는 나쁜 정치다. 따라서 사회주의는 옳지 않다." (사카이야 다이치, 동경대 강의록, p. 219)

경제지 이코노미스트(Economist)가 '20세기 가장 위대한 대변자'라 했던 하이예크(Hayek)는 60년 동안 지속적으로 사회주의의 세찬 파도에 도전하면서 '자유주의로의 길'을 걸어왔다. 옛 소련이 망하자 "거봐 내가 뭐랬어"라는 유명한 말을 남겼다. 그는 20세기를 '매우 독특한 시대'로 규정하였다. 번영 속에서 평화롭게 살려면 정부가 나서서 사회를 계획하거나 규제해야 한다는 사회적 믿음이 압도했던 시대였다는 것이다.

나치즘과 옛 소련 동유럽의 사회주의 계획경제는 그 같은 믿음(이념)의 결과였다. 1940년대 영국이 사회와 경제를 규제대상으로 여겨 정부가 감 놓아라 배 놓아라 했던 것도 사회주의 소산이었다. 미국도 2차 대전 이전부터 뉴딜이란 이름으로 정부가 노동시장, 기업을 규제했으며 조세부담과 정부지출을 급격히 늘려 분배와 복지가 정치의 핵심이었다.

이 같은 시류에 도전, 사회주의는 반드시 붕괴하고야 말 것이라며 사회주의에 대한 선전포고를 한 책이 바로 하이예크의 '노예로의 길'(The Road to Serfdom, 1944)이다. 이 책의 내용은 세 가지였다. 첫째, 사회주의는 경제적인 자유는 물론 정치적 자유와 민주주의까지도 파괴한다. 둘째, 사회주의는 아집과 독선을 실천하기 위해 양심과 도덕도 없는 가장 악독한 인물이 폭정의 전면에 나선다. 셋째, 자유시장경제의 비전을 엄정한 논리로 제시하였다.

## 5. 우파 이념

우파 이념은 자본주의(시장주의 사회)다. 시장은 스스로 조직되고 유지되는 자발적인 질서체계를 추구한다. 자발적인 질서는 하지 말아야 할 것을 제외한 모든 행동을 허용한다. 따라서 우파이념은 자유와 경쟁 등 사회주의와는 다른 개방적인 특성을 지닌다.

스코틀랜드의 정치 경제학자였던 아담 스미스(Adam Smith)는 '국부론'에서 위대한 국가의 역할에 대해 이렇게 적었다. "국가가 경제에 불필요한 간섭을 하지 않는다면 모든 일이 잘 풀릴 것이다. 인간은 천성적으로 생산적인 동물이기에 이 같은 능력을 펼칠 기회만 준다면 국가는 부강해질 수 있다. 창의력을 위축시키고 이견을 포용하지 않으면 국가는 움츠러들 것이며 또 멋대로 세금을 걷고 개인 소유물을 몰수하고 기업 활동에 해를 끼친다면 사회는 혼란에 휩싸일 것이다." 그는 무엇보다도 자유로운 경제시장에서는 오늘 투자한 것이 내일 뒤집어지지 않을 것이라는 보증이 필요하다면서 예측불가능성(unpredictability)을 특히 경계하였다.

그러나 작은 정부와 자유방임의 고전적 자유주의로는 급성장하는 사회주의에 대항을 할 수 없다는 판단 아래 새로운 자유주의라는 뜻에서 신자유주의가 19세기 후반에 나타나기 시작하였다. 그린(Thomas Hill Green), 홉하우스(Leonard Trelawny Hobhouse) 같은 영국의 사상가들이 주창한 신자유주의는 일종의 수정자유주의로서 자유방임 포기와 공공선을 담당하는 국가의 적극적인 간섭(개입)을 통한 자유의 추구였다. 이는 오늘날의 사회민주주의 노선과 비슷한 것이었다.

20세기 신자유주의는 프리드만(Friedman)과 하이예크(Hayek) 등이 (1970년대에) 19세기 후반의 신자유주의를 다시 역전시켜 아담 스미스의 고전적 자유주의를 21세기 현실에 맞게 부활시킨 것이었다. 그것은 19세기 후반의 사회보장 정책을 해체하는 데 초점을 맞추었으며 결과적으로는 시장만능주의, 약육강식, 물질숭배라는 부작용을 낳았다.

2002년 노벨 문학상 수상자인 독일의 귄터 그라스(Günther Wilhelm Grass)는 소련 붕괴 후 19, 20세기 이데올로기 중 자본주의 이데올로기만 살아남았는데 그 후 자본주의는 자신을 절대화하였으며 세계화는 바로 이 같은 절대화의 다른 이름이라고 비판하였다. 촘스키(Avram Noam Chomsky)는 시민의 자유를 기업에 양도한 것이 신자유주의이며 그것은 개인의 절대적인 자유를 인정한 전통적인 자유주의에 극단적으로 대립되는 사상이라고 보았다.

자본주의 이념론자들은 시장경제의 핵심은 기업이며 이윤을 창출하는 기업의 역할을 정부가 하려다가 망한 것이 사회주의라고 흔히 생각한다. 정부는 기업이 돈을 투자

하여 새로운 사업을 할 수 있도록 해야지 정부가 직접 나서서 투자를 하거나 사업을 하는 것은 옳지 않다는 것이다.

우파 이념 역시 긍정적인 면과 부정적인 면을 갖고 있다. 사유재산은 개인의 독립성과 자율성을 늘리고 집단으로부터 일정한 거리를 유지하는 개인의 창의성을 키워준다. 또 집단의 강요가 아니라 이성적인 사고에 바탕을 둔 권리 의무를 발전시킨다는 점에서는 매우 긍정적이다. 그러나 불평등과 탐욕 그리고 질투를 불러일으키고 사람을 그의 존재보다는 그의 소유로 판단하게 하는 것은 부정적이다. 타인과 공감을 공유하기보다는 지닌 재산에 더 많은 관심을 갖는 것은 비인간적이기 때문이다.

박지성이 뛰고 있는 맨체스터 유나이티드 팀이 한국에 온 적이 있다. 그 때 1등석엔 3명이 탔고 비즈니스 석엔 5명의 선수가 탔다. 나머지 선수들은 이코노미 석에 앉아서 왔다. 시장주의자들은 이것이 바로 시장경제의 논리라고 설명을 한다. 이기기 위해 최선을 다하며 팀원 간에도 경쟁을 중시하며 노력의 결과는 돈으로 보상받는 사회-, 이런 사회가 바로 시장주의 사회이며 그 같은 믿음이 우파 이념이라는 것이다.

## 6. 좌우 양 날개

앞서 보았듯이 좌우 이념은 각각 장단점을 지니고 있다. 그것을 어떻게 취하고 버리느냐에 따라 인간의 삶은 엄청난 차이를 보인다. 소련의 사회주의가 무너졌다고 해서 미국의 자본주의가 절대적 선은 아니다. 소련이 망했다고 해서 모든 제도가 나빴던 것도 아니다. 자유방임주의자들은 시장의 자기 조절능력을 과대평가하였고 사회주의자들은 인간의 계획능력을 과신하였다.

'잔디 코트의 황제' 패더러가 '클레이 코트의 황제' 나달과 시합을 하였다. 스페인 마요르카 섬 특설 경기장에서였다. 코트의 반쪽은 잔디를 깔았고 다른 반쪽은 흙이었다. 코트를 바꿔가며 게임을 한 결과 막상막하 끝에 나달이 이겼다. 나달은 "하도 변화가 무쌍해서 스릴이 넘쳤다"고 하였고 패더러는 "아주 즐거운 경험이었다"고 말하였다. 자랑이나 핑계(탓)는 없었다. 서로의 장단점을 인정하였다.

새는 양 날개로 날며 높이 나는 새일수록 양 날개가 튼튼하다. 차가 좌로 돌면 사람은 우로 쏠리고 차가 우로 돌면 사람은 좌로 쏠린다. 갈지자 난폭 운전을 하면 승객들은 좌불안석이 된다. 좌우가 아닌 정도(正道)운전만이 승객(국민)을 안심시킨다. 오늘날 서유럽의 안정과 번영은 파시즘과 맞서 싸운 우파 그리고 공산주의를 위해 투쟁한 좌파가 상생하여 이룬 결과다.

한 때 극렬좌파였던 룰라(브라질 대통령)는 사람이 60이 되면 이쪽도 저쪽도 아닌 평형점에 도달한다고 하였다. 이는 인류의 진화과정과 마찬가지라고 하였다. 그는 재야의 극좌파에서 정부의 책임 있는 장관을 지낸 뒤 대통령이 된 사람이다. 그는 우파에 경도되었던 자는 점차 중도를 지향하고 좌파적 이상에 충실했던 자는 사회민주주의 이념으로 다가간다고 말하였다.

북한 속내가 궁금해서 그곳엘 갔다던 황석영씨는 "보수와 진보의 갈등, 그것 참 지겹더라. 좌우는 이제 하나의 기능이 되어야 한다. 지금은 이념의 시대가 아니라 프로페셔널의 시대라고 말하는 것도 서로의 사회적 기능을 인정하자는 얘기다. 인터넷으로 소통되는 현실에서 아무리 내 감정이 소중해도 남과 말이 통해야 한다."고 하였다. 그는 좌우로 흔들리던 시계추가 가운데서 머물듯이 결국 세상을 지탱하는 것은 중립으로서의 중도라면서 보수적인 가치와 진보적인 가치는 일정불변이 아니라고 하였다. 변화하는 가치에서 핵심을 찌르는 기준은 그 시대 사회공동체의 보편적인 가치인 상식이라고 하였다.

이청준씨의 소설 '당신들의 천국'에 이런 구절이 있다. "천국(이상 또는 이념)이란 그것을 누리고자 하는 사람들에 의해 먼저 선택되어야 하고 더욱이 그 천국마저도 더 이상적인 삶을 위해 버릴 수 있어야만 하는데 껍데기만 그러할 뿐 원생들의 진정한 선택이 없었던 이곳은 섬 바깥사람들의 눈에만 천국이었지 섬사람들에게는 '당신들의 천국'일 뿐이었다. 운명을 같이 하지 못하는 사람들 사이에서는 절대적인 믿음이 생길 수 없으며 믿음 없는 사랑이나 봉사는 오만한 시혜자로서의 자기도취적인 동정으로밖에 보이지 않는다."

농촌진흥청의 연구결과 특수 염색 성분의 사료를 먹은 누에는 컬러 누에가 되었다. 명주실도 컬러였다. 그러나 컬러는 부모 대에서 끝났고 컬러 알을 깨고 나온 새 누에는 다시 평범한 색깔의 애벌레였다. DNA는 한두 해에 걸쳐 형성되는 것이 아니었으며 한두 가지 인자에 의해 영원불변의 그 무엇이 되는 것도 아니었다.

역사에는 생략은 없다. 다양한 압축만 있으며 다양성은 획일성을 압도한다. 대립시간을 줄이고(기회비용의 절감) 갈등을 진화통으로 승화시킬 수만 있다면 전화위복이 된다. 다양한 것들이 상승작용을 하면 시너지(synergy)가 나오지만 상충을 하게 되면 아너지(anergy. 무력)가 생긴다. 그 어떤 이데올로기도 인간 삶에 행복을 가져다주지 못하면 나쁜 이데올로기일 수밖에 없다.

## 7. 진보와 386

386이란 30대 나이, 80년대 학번, 60년대 출생을 의미한다. 그들의 상징은 젊음, 패기, 정의, 진보였다. 그들이 훨훨 날 수 있었던 것은 민족과 반민족, 통일과 반통일, 자주와 외세로 설정된 좌파 민족주의를 간판으로 내세웠기 때문이다. 그것은 곧 친일, 친미, 군부, 재벌 등 기득권 세력에 대한 반동이었으며 기득권의 타파 없이는 진보적인 삶이 불가능하다는 데서 출발을 하였다. 그것이 군부독재가 불러들인 80년대의 시대정신이었다.

맥클린톡(McClintock)박사의 '페르몬 효과'라는 것이 있다. 그는 미국 웨슬리 대학의 기숙사 여학생들을 대상으로 생리주기 실험을 하였는데 같은 방에 있는 여학생끼리는 시간이 지남에 따라 생리주기가 엇비슷해진다는 사실을 발견하였다. 시대정신이라는 것도 페르몬 효과와 같은 것이라고 본다. 환경이 그러하면 사람의 행위도 그럴 수밖에 없다.

그래서 민족을 소재로 한 영화마다 수백만 명의 관객이 몰리고, 3.1절만 되면 '친일파 처단'이 연례행사가 된 끝에 급기야 정치적 의제로 설정되면서 보수는 '수구 꼴통'으로 몰렸고 진보는 바람 탄 연처럼 하늘로 치솟았던 것이다. 그 같은 진보의 선봉에는 386이 있었다. 그들은 오상고절 속에서 꽃을 피웠다. 그 꽃이 노무현 대통령이자 참여정부였다.

그러나 그들의 정치는 시대를 잘못 읽었다. 20년 전에 읽었던 책대로 세상을 보았고 본대로 세상을 바꾸려고 하였다. 이미 소련과 동유럽이 무너졌는데도 그들만의 안경으로 세상을 보려고 하였다. 리영희 교수의 "내 책을 읽은 제자들이 대한민국을 쥐락펴락하고 있다는 발언은 그런 맥락의 연장선상에 있었다.

386 운동권 세대에게 신화적 인물로 알려진 페르나드 카르도주(전 브라질 대통령. 76세)는 1980년대 반미, 평등, 민족주의운동의 이론적 기반인 종속이론을 구축한 사람이었다. 그러나 그는 90년대에 종속이론의 잘못을 깨달았다. 세계화와 초국적 기업의 존재를 예상치 못했었다.

참여정부의 386들은 80년대의 패러다임에서 한 발자국도 진보하지 못했다. 좌파적인 행동을 하면서도 불행했던 과거를 떠올린다며 좌파란 말을 듣기 싫어하였다. 미국을 제국으로 몰아세웠지 지속가능한 민족번영의 협력자로 만드는 데는 소홀하였다. 반전 반핵에서 반핵이란 말이 사라졌다. 남한 인권만 문제를 삼고 북한의 인권은 외면하였다.

한 때 주사파였던 홍진표씨는 이 같은 진보에 대해 '단무지'(단순, 무지, 지랄)라고 맹렬히 비판을 하였다. "지금 우리 사회에는 평등에 대한 잘못된 두 가지 편향이 있는데 그것은 내가 잘못 사는 것이 잘 사는 자 때문이라는 인식과 하향평준화"라고 하였다.(유근일·홍진표, 지성과 반지성, 기파랑) 그는 오늘 날 지성과 반지성, 교양과 무교양 싸움이 벌어지고 있는데 난폭한 반지성이 민중, 개혁, 과거사 정리, 민족의 이름으로 포장되어 전면에 나타났다고 하였다.

안희정, 여택수로 시작한 386권력형 비리는 정윤재로 이어졌다. 터질 때마다 386의 이름이 오르내리더니 청와대의 로비와 압력은 다 386을 통해 들어오더라는 증언이 뒤따랐다. 입만 열면 질타했던 수구세력의 부패가 자신들에게도 부메랑으로 돌아왔다. 지지층도 386의 돈 잔치 앞에서는 등을 돌렸다. 386은 정치세력화에 성공한 유일한 세대였다. 그들은 권위주의를 타파하겠다며 권위까지 허물어 버렸다. 빈부격차 해소는커녕 양극화만 심화시켰다.

젊은 시인 바이싯의 가슴은 참 숯불로 늘 이글거렸다. 혁명가를 원했던 그는 "주여 세상을 혁명할 힘을 주소서"라고 기도를 하였다. 혁명가가 되지 못한 그는 중년이 되어 "주여 내가 만나는 사람들을 변화시킬 힘을 주소서"라고 기도를 하였다. 세월이 흘러 노인이 된 그는 다시 기도를 하였다. "주여 나 자신을 고칠 수 있게 해 주소서."

## 8. 진보 이후 국격(國格)

사람에게 인격이 있듯이 나라에도 국격이 있다. 국격을 결정하는 요인은 국민의 국가에 대한 자부심, 헌법에 대한 자긍심 그리고 지도자에 대한 존경심이다. 그런데도 불구하고 자칭 진보주의자들은 자국의 역사를 '정의가 패배하고 불의가 득세를 한 것'처럼 왜곡을 하였으며 헌법을 '그놈'이라 폄하했고 지도자를 존경의 대상이라기보다는 경멸의 적으로 만들어 버렸다.

모두를 위한 하나가 되었어야 할 대통령이 하나를 위해 모두가 있는 것처럼 행세를 했던가 하면 나랏님 말씀을 가벼이 여겨 대통령 면전에서까지 시위를 할 정도로 국가 기강이 엉망이 되었다. 위가 그러하니 아래도 닮아 '국무회의가 조선시대 어전회의만도 못하다'는 말이 나왔고 국방부 장관의 당연한 예법(김정일 앞에서의 꼿꼿한 악수)이 기사거리가 되기도 하였다.

중앙 일간지 인터넷 판에는 '노무현 놀이'라는 것이 펴져나가(오마이뉴스, 2007.10.2 3, 손석춘 칼럼) 대통령을 조롱하니 그것은 곧 국격을 낮추는 일이었다. 대학을 졸업했는데 취직이 안 되니 일자리를 찾아 달라, 정부 믿고 집을 팔았는데 되레 집값이 올랐으니 집을 찾아 달라, 서민 어깨 펴주겠다더니 쭈그러들었으니 내 어깨 찾아 달라, 심지어 내 청춘 돌려 달라, 집 나간 강아지 찾아 달라는 내용들도 있었다.

노인들은 투표하지 마시라고 했던 사람이 세월이 흘러 범여권의 대선후보가 되었다. 이번에는 이라크 파병을 두고 한국이 세계적인 용병의 나라가 되어야만 하느냐고 해서 또 논란의 불씨를 만들었다. 새로운 정치를 하겠다며 새 당을 만든 사람이 언행은 변한 것이 없다. 국격은 아랑곳 않고 나오는 대로 내뱉는다.

내가 나답지 않으면 남이 날 우습게보듯, 나라 또한 그렇다. 탈북자를 돕다가 중국서 감옥살이를 했던 최영훈씨는 한국 영사관의 '무심' 때문에 죽을 고생을 하였으며 북한을 돕고자 북에 갔던 차명진의원(한나라당)은 북한 군인에게 아이스크림을 건네주려다 두 시간동안이나 억류당한 채 '똑바로 서있지 못하겠느냐'며 얼차려 기합을 받았다.

자유와 민주를 뿌리로 삼아야 할 진보가 선진화를 명분으로 언론을 핍박하는 바람에 '돗자리 기자실'까지 등장을 하였고 급기야는 기자들이 그곳에서마저 내쫓겨져 세계의 조롱거리가 되었다. 권력이 언어를 지배한다던 푸코(Foucault)의 말이 거짓이 아니었음을 스스로 반증하였다.

소설 '남한산성'에서 작가 김훈은 말하였다. "권력자들이 강시(殭屍: 얼어 죽은 송장)들의 언어만 사용했기에 말(言) 먼지만 자욱한 채 말(馬)은 없었다"고. 화(和)가 모자라서 화(禍)를 불렀고 흠 많고 한 많은 자들이 전진은 언감생

심, 역행만하여 마음을 가르니 세상도 달라질 수밖에 없었으며 그래서 소통보다는 불통의 세월을 살아야만 했다."

정치란 복종을 하는 이유와 저항을 하는 이유 모두를 합쳐놓은 것이다. 우리에게 제시된 이유가 정당하다고 생각해서 복종을 하건, 우리에게 더 중요하게 여겨지는 다른 이유가 있어 저항을 하건 간에 정치는 그것을 제대로 이해하기 위해 다양한 이유들을 따져봐야 한다. 그래서 정치를 종합예술이라고 하지 않았던가. 그러나 진보주의자들은 복종에만 눈이 어두워 저항을 왕따 시켰다. 정치뿐만 아니라 경제 사회 문화 등 모든 분야에서 그들은 복종의 이유에만 눈독을 들였던 색맹과니였다.

진보세력이 집권을 한지 10년- 그들은 저 높은 곳을 향한 국격의 업그레이드에 온 힘을 쏟았어야 함에도 그렇게 하지를 않았다. 보수세력으로부터 권력을 빼앗았다는 기쁨에 겨워 국격이야 어찌되건 행재요화(幸災樂禍)했던 것은 아닌지…..높은 자리 차지하여 낮은 처신을 했던 결과가 진보 이후 국격 손상의 원인은 아니었던가.

## 9. 이러고도 나라던가

불륜에 빠진 제1의 정책참모(변양균 전 청와대 정책실장)는 대통령을 속이고, 과잉에 빠진 제1의 정보참모(김만복 국정원장)는 자신의 아프가니스탄 쇼가 뭔지도 몰랐다. 그 대통령 밑에서 장차관을 한 사람들이 주동이 되어 만든 대통합민주신당은 표 계산도 못해 1차 당내 경선대회가 코미디로 끝났다. 세계 13위 경제의 나라 공무원들이 재정수지 계산을 잘 못해서 17조원이나 적자가 났다고 했다가 다시 흑자가 났다고 말을 바꿨다. 언론보고 소설을 쓴다고 하더니 그들 하는 일이 소설 같았다.

군정종식(1987년), 문민개혁(1992년), 여야교체 지역교체 외환위기 탈출(1997년), 세대교체 진보-보수대결(2002년)을 거치고도 거꾸로 박정희와 3김이 펼쳤던 카드섹션을 다시 보는듯한 모습에서 이 나라는 아직도 멀었음을 절감한다. 그래서 한국의 정치는 가도 가도 끝이 없는 이정표 같다.

재벌그룹 회장치고 감옥에 가지 않는 사람 없고, 그런 회사 노조는 너 그러니 나 또한 그렇다는 듯 허구한 날 파업을 하고도 성과급을 받는다. 회사는 파업기간 중의 손해를 물건 값에 더해 소비자를 울린다. 그 회사 그 노조의 산술법에 백성만 죽어난다.

옥스브리지(OXBRIDGE) 등 선진국 유명 대학들은 수월교육에 목을 매다는 등 높은 곳을 향해 안간 힘을 다하는데도 우리는 자꾸만 낮은 곳으로 임하려고 애를 쓴다. 나라 살림이 적자났다고 언론이 떠들자 뒤늦게 계산착오였다며 흑자라고 말을 바꾸는 수준 낮은 관료사회, 서해교전에서 죽고 다친 장병을 교통사고 희생자 취급하듯 하는 나라, 육사시험에서 6.25전쟁을 통일전쟁이라고 주장하는 수험생들, 급기야는 북방한계선(NLL)을 영토선이 아니라고 말하는 대통령과 통일부 장관-이러고도 나라인지 안타깝기 그지없다.

인터넷 댓글은 이성보다는 감성(감정)의 단두대가 되어 온갖 욕설과 비방 그리고 독선이 칼춤을 춘다. 나의 주장은 우리의 외침이 되어 다른 편을 무자비하게 공격한다. 인터넷 댓글은 더 이상 이성적인 아고라(agora)가 아니라 금방이라도 상대방을 박살내려는 당동벌이(黨同伐異) 전투장 같다.

25시 작가 비르질 게오르그는 말했다. "잠수함 속 토끼는 산소가 떨어지면 사람보다 먼저 괴로워하며 죽는다"고. 인간 존엄이 무너진 우리사회에서 '잠수함의 토끼'같은 말과 글은 없는가. 바람보다 빨리 눕고 바람보다 더 빨리 울고 바람보다 더 먼저 일어나서 세상을 일깨울 사람은 없는가.

당나라 시인 두보(杜甫)의 시 '춘망(春望'이 생각난다. 모두가 뒷전인 세상에 두보같이 우국의 글을 쓴 사람도 있다. 그는 나라가 쇠하는 길에는 여러 갈래가 있다면서 이렇게 적었다. "절제의 나사가 빠진 사회, 나라가 망하는 다양한 길에 관한 예후 때문에 또 글을 쓴다. 19세기는 영국, 20세기는 미-소의 세기였다. 욱일승천하던 일본제국이 망한 데엔 명치유신(1869) 이후 77년이 걸렸다. 소련이 망한 것은 볼셰비키 혁명(1917) 이후 73년 만이었다. 천년제국을 꿈꾸던 나치스 독일은 12년 만에 망했다. 자주국방? 6.25때 미국의 지원이 없었다면 남한은 1950년 여름에 망했고 중국 의용군이 안 왔으면 북한은 그해 가을에 망했다. 나라가 망하는 데엔 다양한 길이 있다. 다양한 길에 대한 사례 연구가 오늘의 대한민국이 아닌가 생각된다. 그래서 걱정이다."(동아일보, 2006.10.19. A30, 최정호)

신동문의 시 '이런 것이 아니다'가 생각난다. 4.19 무렵에 썼다고 한다.

"아 아 그러나 이런 것이 아니다.

사상 철학 모르겠다. 그러나 이런 것이 아니다.....

싸 술 몇 잔의 주징 속에선 아니다 아니다의 노래라도 하지만

맑은 생시의 속 깊은 슬픔은 어떻게 무엇으로 달래나.....

나는 나는 이런 것이 아니다."

# II. 진보와 개혁

## 1. 노무현 대통령

밝은 달은 하늘을 꽉 채우되 눈이 부시지 않다. 다투면 늘 모자라지만 양보하면 언제나 남는다. 세상 이치는 그렇다. 정치에서는 여론이, 장사에서는 인기가, 사회에서는 공동선이, 학문에서는 공리가 말을 한다. 상대를 이기는 데만 힘을 쏟는 변론술의 맹점은 진실의 누락이다. 그래서 말은 많되 진실이 없고 목소리는 커도 귀에 들리는 것은 허위와 소음뿐이다.

권위와 신망의 대상이어야 할 대통령은 생각과 행동이 명실상부 하지 못해 국회의 탄핵까지 받고 결국은 헌법재판소로부터 법을 지키고 체통을 잃지 말라는 충고를 들어야만 하였다. 그는 단핵 판결 후 직무에 복귀하면서 헌재 재판관들에게 "냉정하고 공정한 재판에 국민 모두는 높은 신뢰를 보낸다"고 해놓고선 다섯 달 뒤 수도이전 위헌결정 때는 "이해할 수 없다"는 등 한 입으로 두 말을 하였다.

그의 말은 늘 사람의 마음을 가르고 갈라진 마음에 상처를 남겼다. 말 때문에 골이 생겼고 골이 깊어 불구대천이 된 끝에 자살을 한 기업인도 있었다. 그러나 그는 별놈의 보수를 다 합쳐도 보수는 보수일 수밖에 없다면서 '나의 길'을 택하였다. 여당 의원으로부터 '대통령답게 처신하라'는 말까지 들으면서도 마이동풍이었다.

자신에 대한 평가에 눈높이가 달라 남이 하면 왜 이렇게 짜냐고 불평불만이었고 자신이 할 때는 자화자찬이었다. 코드가 맞으면 쭉정이도 금쪽으로 썼고 코드가 맞지 않으면 금쪽도 본체만체하였다. 사람을 뽑을 때는 끼, 꾀, 깡이 있는 사람을 공모한다고 해놓고선 결정은 끈으로 하였다.(한겨레, 2004.11.30.9, 한겨레 만화)

그의 리더십은 유목민 리더십이었다. 유목민을 이끄는 장수는 선봉에서 신속하게 기마병을 이끌고 적진에 뛰어든다. 권위보다는 동지애, 조직보다는 소부족의 자발적인 참여에 의존한다. 마지막 해결사 대신 먼저 나서 외교협상력을 저하시키면 완충지대가 사라지고 전략의 모호성이 없어져버린다. 국가 경영자는 결코 유목민 리더가 되어서는 안 된다. 보안법, 과거사, 주한미군, 독도문제 등에서 그는 유목민 리더 같았다.

영국의 역사학자인 깁본(Edward Gibbon)은 로마제국의 쇠망원인으로 정신의 쇠퇴를 들었다. 경박해진 국민과 지도자가 만나 쇠망의 골짜기로 떨어졌다고 하였다. 중후하고 확신에 찬 지도자와 부지런하고 자주적인 국민이 만나 나라를 만들어가야 하는데도 지금 우리는 이리 가야 한다 저리 가야 한다, 좌우로 나뉘어 패싸움을 벌이고 있다.

논어 안연(顏淵)편에 공자의 제자 자공(子貢)이 스승 공자에게 물었다. 정치가 무어냐고. 공자는 답하였다. 식량을 갖추고(민생) 군비를 튼튼히 하며(안보) 백성의 신뢰(여론)

를 얻는 것이다. 부득이 하나를 버려야만 한다면 군비, 식량 순이나 신뢰는 끝까지 버려서는 안 된다고 하였다.

정치란 처칠의 말대로 승부가 아니라 진실이다. 정치란 또한 훌륭한 임금과 뛰어난 신하가 만나 훌륭한 치세를 이루어내는 어수지계(魚水之契)라 할 수 있다. 정치인은 바라보면 태양처럼 빛나고 만나보면 늘 봄날처럼 따뜻한 사람이어야 한다. 그러나 개그맨들의 개그처럼 정치가 너무 웃겨서 개그맨들이 설 자리가 없어졌기에 개그맨들이 파업을 벌여야 할 정도가 되었다면 그것이 정치라고 말할 수 있을까.

노대통령은 새 시대의 장남을 꿈꾸다가 구시대의 막내가 되었다고 자탄을 한 적이 있다. 그러나 전임자들은 폭력, 부정, 부실은 있었지만 나라 권위를 땅에 처박지는 않았다. 최장집 교수는 노무현 정부는 DJ때보다, DJ정부는 YS때보다 못했다고 하였다. YS때는 구식이나마 정당이 작동하였고 정당정치도 구태의연하나마 이루어졌다. 노무현 정부에서는 정당의 존재마저 회의감이 들 정도였다고 말하였다.(동아닷컴, 2007.6.29) 말은 많았으나 진실이 없어 귀에 들리는 것이 없었다.(言多而無眞 聲大而不到耳) 아 노무현대통령-그는 입만 있고 귀는 없었다.

## 2. 참여정부

새 시대는 새 것을 요구한다. 그래서 개혁이 필요하다. 개혁은 기존의 것을 바꾸는 일이다. 바꾸려다 보니 부작용이 뒤따른다. 개혁의 어려움은 여기에 있다. 참여정부의 개혁은 많은 사람들에게 참을 수 없는 고통을 안겼다. 그들의 개혁은 가히 '파천황적'이어서 기존 삶의 존재양식(modus vivendi)을 뒤엎는 것이었다.

사람들은 나름대로 정체성을 갖고 있다. 정체성 안에는 국가관, 사회관, 인생관, 세계관 등이 녹아있고 개인들의 그 같은 정체성이 눈덩이가 되어 사회와 국가의 정체성을 형성하게 된다. 정체성은 하루아침에 형성되지 않는다. 오랜 기간에 걸친 개인적 사회적 경험과 원망(願望)의 산물이다.

이치가 이러함에도 불구하고 개혁이란 이름으로 어느 날 갑자기 고정간첩이 민주인사가 되고 'KAL기 폭파'가 공권력의 조작극이며 군 장성이 독재정권의 수혜자라는 결정을 한다면 그 사회와 개인 그리고 국가의 정체성은 어떻게 되는 것일까.

참여정부는 선진미래를 앞세워 4대개혁입법(국가보안법, 과거사법, 언론법, 사학법)을 서둘렀다. 노무현 대통령은 한 강연에서 개혁에 대해 이런 말을 하였다. "시장을 지배하는 것은 사람의 행동양식이고 그 행동양식은 사고방식에 의해 좌우되니까 문화개혁을 해야 한다." 다시 말해 삶의 존재양식을 바꿔야 한다는 것이었다. 그러나 4대 개혁입법은 야당의 반대에 부닥쳐 '태산명동 서일필(泰山鳴動 鼠一匹)에 그쳤다.

우붕잡억(牛棚雜憶)이라는 글을 쓴 계선림(季羨林)이란 사람은 중국 전역을 계급혁명의 광기로 내몰았던 10년간의 문화혁명에 대해 문화도 혁명도 없었으며 오직 학대만 있었고 학대는 그저 사람을 타락시킬 뿐 고양시킬 수는 없었다고 말하였다. 우붕이란 지식인을 가두었던 외양간을 말하며 권력은 지식인 등 반대자들에게 겁을 주고 망신을 시키며 학대를 하였다. 대자보 붙이기, 상말 욕하기, 기합주기, 인민재판 등이 그러하였다.

사법개혁의 상징으로 참여정부 첫 법무장관이었던 강금실씨는 퇴임을 하면서 "개혁이란 믿고 사랑하고 인간다움을 실현하기 위해 이를 가로막는 서로의 불신과 오해를 풀어나가는 것이다"는 말을 하였다. 참여정부는 정말 그렇게 하였는지 묻고 싶다. 그러나 말 많던 부동산정책은 실무자까지도 실패를 자인하였다. 그리고 부끄럽다고 하였다.

운동권이 기득권자가 되어버린 현실에서 '아침이슬'처럼 영롱했던 김민기는 말하였다. "성근이와 계남이도 굳이 자기를 드러내지 말았으면 좋겠어. 한꺼번에 많은 일을 하려 말고 문화적 개혁에 대한 구체적이고 혁신적인 상상력을 주고 이를 실천하는 것이 중요해. 그리고 딱 한 가지-미운 놈 닮아가지 않았으면 좋겠어. 과거에 활약하던 사람들을 전복하려고 하면 미워할 수밖에 없고 그럴수록 그들을 닮아갈 수밖에 없거든. 제발 겸손해지라고 말하고 싶어." (동아일보, 2003.3.12. A18)

개혁보다 더 좋은 것은 창조다. 창조는 남에게 기쁨과 희망을 준다. 나쁜 놈은 마음속이 나뿐인 놈이 듯, 못난 놈은 나지 못한 놈을 말한다. 낳는다는 것은 새 것을 만든다(창조)는 말이다. 마음이 굽어있고 지지리 못난 놈은 창조를 할 수가 없다. 밝음이 있으면 어둠이 저절로 사라지듯이 창조만 할 수 있다면 개혁은 창조 속에 그대로 묻히고 만다.

서울대의 국민의식 조사결과 국민은 노 정권에 대해 풍족보다는 가난을, 밝음보다는 어둠을, 발전보다는 퇴보를, 안정보다는 혼란을 연상한다고 대답하였다. 노 대통령의 지도력은 10점 만점에 3.97로 DJ의 5.36, YS의 4.10에 못 미쳤다.(문화닷컴, 2007.11.12) 노 대통령은 참여정부를 설거지 정부라 하였다. 새 살림을 꾸미겠다고 생각을 하였는데 쓰레기가 많아 청소부 밖에 할 수 없었다고 또 남의 탓이었다.(2007.11.11, 국정TV특별 인터뷰)

## 3. 평준화

파레토(Vilfredo Pareto)의 법칙이 있다. 흔히 2대 8의 법칙으로 알려져 있는데 정확하게는 20%대 80%의 법칙이라고 해야 맞다. 파레토는 20세기 초 이탈리아의 토지소유 분포를 조사하여 분석해 본 결과 전체 인구의 20%가 국토의 80%를 소유하고 있었다. 파레토의 법칙은 인간생활이나 자연현상에서도 나타나는 보편적인 법칙으로 알려져 있다.

꿀벌의 세계는 꿀을 만들기 위해 열심히 일하는 벌은 20%이고 나머지는 평균치 60%와 놀고먹는 20%로 나뉘어져 있었다. 최근에는 마케팅 분야에서도 파레토의 법칙이 응용되고 있는데 식당 매출의 80%는 단골손님에서 나온다거나, 기업매출의 80%가 20%의 상품에서 또는 매출의 80%는 20%의 사원이 만든다는 것 등이다.

참여정부는 종합부동산세, 보유세 등에서 '세금폭탄'을 던졌다. 그 같은 논리의 바탕은 파레토 법칙이었다. 정부는 '세금폭탄'의 피해자가 전체 인구의 20%인 부유층이고 나머지 80%는 자기들의 문제가 아닐 것이므로 대부분이 정부정책에 박수를 칠 것으로 보았다. 그러나 결과는 20% 밖에 있는 사람들까지 '세금폭탄'의 피해를 입었다. 강남 집값만큼은 아니나 타 지역 집값이 껑충 뛰었기 때문이다. 파레토 법칙의 잘못된 적용이었다.

국민의 정부에서 시작된 평등개념의 확산은 참여정부 들어 평준화 개념으로 심화되었다. 터너(Bryan S. Turner)에 의하면 평등개념에는 세 가지가 있다. 기회의 평등(equality of opportunity), 조건의 평등(equality of condition), 결과의 평등(equality of outcome)이다. 요즘 우리 사회에서 평등과 관련, 가장 문제가 되고 있는 것은 교육의 평등-아니 교육의 평준화인데, 그것이 상향평준화가 아니라 하향평준화라는 점에서 논란이 끊이지 않고 있다.

프랑스는 고교졸업 자격시험인 바칼로레아(우리의 수능시험과 비슷함)만 통과하면 누구나 대학에 갈 수 있다. 이는 기회의 평등이다. 그러나 대학 위에 또 대학이 있다. 그랑제꼴 같은 것이다. 여기에 가려면 별도의 입시준비를 해야 한다. 그랑제꼴을 나오면 대우가 다르다. 직급, 연봉에서 차이가 난다. 프랑스는 평준화 교육과 엘리뜨 교육을 혼용하고 있다. 기회의 평등은 있어도 결과의 평등은 없다.

과도한 평등주의나 섣부른 평등주의는 사회나 국가를 망친다. 스파르타의 평등주의는 과도한 평등주의였다. 모든 토지는 국가가 소유한 뒤 균등분배를 하였다. 식사도 공동으로 하였다. 화폐도 금, 은화를 없애고 휴대하기 불편한 무거운 쇠붙이로 돈을 만들었다. 사치나 낭비를 막기 위함이었다. 잠자리는 각자가 강변의 갈대를 꺾어다 만들었다. 이런 생활과 교육은 누구도 자신을 남보다 앞세우려

하지 않는 행동양식을 낳았다. 파이다레투스라는 용사는 페르시아 군과 싸울 300명 용사 중 자기가 탈락되자 자기보다 훌륭한 사람이 300명이나 있다고 기뻐하였다고 한다. 과도한 평등주의가 낳은 코미디였다.

참여정부의 평등은 기회의 평등을 넘어 결과의 평등까지를 연상하였다. 일류대학이 문제라며 서울대를 없애자, 강남이 문제다, 주류 언론과 대기업이 문제라는 식의 왜곡된 평등주의가 극에 달하였다. 열등하거나 뒤떨어진 사람을 차별하는 것이 옳지 못한 일(불의)이라면 반대로 신체가 남보다 강하고 머리가 뛰어났다는 이유만으로 이들을 차별(역차별)한다면 이 역시 옳지 못한 일(불의)이다. 진보정권을 자처하며 역차별을 정당화하는 평등사상은 하향 평등만을 부채질하는 것이다.

해마다 해외 유학생이 늘어나고 사교육이 기승을 부려도 정부나 전교조는 그보다 더 나은 교육을 제공하지도 못하면서 하향평준화만을 고집해서야 되겠는가. 나보다 월등한 사람을 인정하지 못하는 사회는 평등이 아닌 좌절된 엘리트주의를 지향하는 사회이다. 이 같은 사회의 미래는 어두울 수밖에 없다.

## 4. 양극화

참여정부 들어 양극화 문제가 심각하게 거론되고 있다. 사회적으로 문제이니까 심각하다는 주장이 있는가 하면 경제논리라기보다는 정치논리라는 주장도 있다. 양극화는 세계화에 따라 경쟁이 심해지고 지식기반 산업으로의 구조조정에 대한 적응능력의 차이에서 오는 소득의 격차라 할 수 있다. 이에 더하여 정부정책의 오류와 공정한 경쟁 질서를 관리할 수 있는 정부능력의 부족이 양극화를 심화시키기도 한다.

고소득층 20%와 저소득층 20%의 소득비율을 보면 2002년엔 5.18배였으나 2003년엔 5.22배, 2004년엔 5.41배였다. 참여정부 들어 더욱 심화되어왔다는 말이다. 소득불균형을 바로 잡겠다고 가장 먼저 강남 집값 때려잡기에 나섰으나 강남은 물론 전국의 집값만 올려놓아 양극화를 부채질하였다.

2004년을 기준으로 볼 때 근로소득세를 한 푼이라도 내는 자는 전체 근로자의 49.3%(626만여 명이었다. 51%가 연소득 2,000만원 미만(면세 대상자)이었다. 상대적으로 세부담이 적은 3,000만원 이하 근로소득자 32%를 합치면 80%가 넘는다. 단순 계산을 하면 세금을 내는 사람과 안 내는 사람(상대적으로 적은 세금을 내는 사람까지를 포함)

의 비율은 20대 80인 셈이다. 자영업자들이 내는 종합소득세도 사정은 비슷하다. 전체 자영업자(436만여 명) 중 47.5%인 207만여 명이 비과세 대상이었다. 중간 이상 과세 대상은 20%가 안 되고 세금부담이 상대적으로 적고 복지 혜택 대상은 80%를 넘었다.

이 같은 실상을 알고 나면 양극화에 대한 인식이 달라질 것이며 해소책 또한 간단치 않음을 알게 될 것이다. 미국의 컬럼비아대학 바그와티 교수는 "세금을 올려 저소득층을 지원하는 방식은 실효성이 없다. 교육이 양극화 해소의 가장 효과적인 길이다. 대부분 국가의 교육제도는 미래의 일자리에 맞지 않다. 부유층은 다른 방법으로 스스로를 교육시키며 미래 일자리에 적응해 나아가지만 저소득층은 정부가 제공하는 쓸모없는 교육 때문에 빈곤의 늪에서 헤어나지 못 한다"고 하였다.(2006.1.26 세계경제포럼에서)

멕시코 TV 사르미엔토 부사장은 "민주화된 국가들이 저성장 기조에 빠지자 혹세무민하는 지도자를 선출하는 경우가 늘고 있다면서 민주적으로 당선됐지만 포퓰리즘을 이용, 권력을 비민주적으로 행사하기 때문에 양극화에 부채질을 하고 있다"고 하였다. 노벨경제학상을 받은 스티글리츠는 "저소득층에 좋은 교육기회를 제공하여 양극화를 해소해야지 세금을 늘려 저소득층을 지원하는 것은 하향평준화의 위험을 초래한다"고 경고하였다.(조선일보, 2006.1.28. A16)

우리 사회의 양극화는 누가 키웠을까. "지난 3년간 토지, 아파트, 주식 등 자산은 1,431조 원으로 폭등하였다. 유래 없는 저금리 상태에서 행정도시, 기업도시, 혁신도시 등 각종 개발계획을 양산, 3년간 전국 땅값은 평균 13%가 올랐고 아파트는 18%, 주가는 121% 상승하였다. 신흥부자를 양산한 셈이다. 이 때문에 상위 20%소득을 하위 20%소득으로 나눈 소득 5분위 비율은 5.43을 기록, 김대중 정권 말기(2002년)의 5.18에 비해 더 악화되었다.

투표 이외에 자기이익 관철의 수단이 없는 저소득층은 부자로부터 세금을 더 걷어 당신들을 위해 쓰겠다는 포퓰리즘적인 선전선동에 놀아나서는 안 된다. 기업의 자유 활동을 보장하여 취업소득을 늘리고 그러기 위해 지식습득(능력제고)교육과 하청업체 연구능력을 제고시켜야 한다. 양극화 해소방안은 장기적인 과제이지 단기적 과제가 아니다. 정치적으로 부자를 괴롭히고 대기업을 닦달하는 양극화 해소책은 하책이다. 양극화는 완화의 대상일 뿐 완전해소는 자본주의체제하에서는 불가능하다. 양극화 해소는 성장을 통한 중산층 복원에 중점을 둬야지 분배구조의 개선에만 매달려서는 안 된다.

## 5. 노사관계

역사상 가장 유명한 총파업은 훗날 노동절(May Day)의 기원이 된 시카고 '헤이마켓 사건'이었다. 계층 간의 갈등에서 비롯된 이 사건은 노동과 자본이 어떠해야 하는가를 보여주고 있다. 당시 자본가들은 다이아몬드로 의치를 하였고 100달러 지폐로 담배를 말아 피웠다. 노동자들은 하루 16시간을 일해도 저임금에 시달리며 '노예생활'을 하였다. 1886년 5월 1일 '헤이마켓 사건'이 터졌다. 하루 8시간 근무를 주장하며 시위에 나선 것이다. 경찰 발포로 6명이 숨졌다. 이튿날 30만 명이 모였다. 폭탄이 터졌다. 재판부는 피업 지도자에게 사형을 선고하였다. 7년 후 '폭탄기획자'는 자본가임이 드러났다. 1889년 7월 제2인터내셔널은 5월1일을 세계 노동절로 정하였다. 이 '헤이마켓 사건'은 인본(人本)의 한계에 대한 갈등과 충돌이었다.

내가 생산한 생산물로부터 내가 따돌림을 받는 것을 마르크스는 '소외'라 하였다. 노동자들은 노동과정과 결과(생산물)에서 자신들이 소외를 당하고 있다면서 자기 몫을 요구한다. 자본가는 자본, 비용 그리고 기술투자를 들어 노동자의 요구에 대응을 한다. 노사의 갈등은 이렇게 시작되었다.

지금 우리 사회는 노사갈등이 기업에서 공공부문으로까지 확대되어 국가 경쟁력을 좀먹고 있다. 노사갈등이 회사 담을 넘어 정치와 손을 잡았다. 한국노총과 민주노총은 한국의 거대 노조다. 각종 노조가 두 노조의 우산 속에서 보호를 받고 있다. 한국의 노조는 세계 최저 조직률에도 불구하고 세계 최강을 자랑한다. 극한투쟁 때문이다. 1989년 조직률 19.8%이던 것이 2005년엔 10%가 되었다. 전교조의 경우 40만 교원 중 8만4천 명이 조합원인데 이 역시 극한투쟁 때문에 매년 조합원 수가 점차 감소하고 있다.

한국노동연구원이 '노사관계 인식' 설문조사를 하였다. 1989년과 2006년을 비교한 결과 모든 분야에서 인식이 나빴다. 각종 조직 중 노조에 대한 신뢰가 가장 낮았다. (조선닷컴, 2007.9.20) 노조가 취업 장사를 한 것, 파업을 하지 않겠다면서 회사 돈을 뜯어낸 것, 노총이 정부 돈을 20억 원씩이나 받고도 죽봉을 휘두른 것 등이 악재로 작용한 결과였다.

전교조의 경우 상식을 넘는 경우가 많았다. "'나라사랑 한글사랑'을 주제로 글짓기대회를 하였는데 전교조 교사는 조선총독부 건물과 마찬가지로 학교에 있는 이순신, 세종대왕 동상을 철거해야 한다는 글을 우수작으로 추천하였다."(조선일보, 2006.2.15. A4) 미국과 일본뿐만 아니라 한국의 대학에서도 이미 시행 중인 교원평가를 반대하고 학생들에게 북한의 선군정치를 선전하였다. 군대엘 가지 말라고 하고 국기에 대해 경례를 하지 말라고도 하였다. 딴 나라 선생님 같았다. "15년 전 출범 당시에는 그들 말에 옳은

것이 있었는데 지금은 변질이 되었다."(조선일보, 2006.2.23.A4, 정진석 추기경 말)

노동운동의 대부 김금수 노사정 위원장은 "깽판 치는 민노총의 모습을 지켜보기 힘들었다. 자기 이익을 위해 노동운동을 하는 사람도 있었다"고 하였다. 동구권을 3년 간 돌아다녔다는 권용목씨(민노총 초대 사무총장)는 "이제 주체사상에서 벗어나 기업을 살리고 사회발전에 나서야한다"고 말하였다. (조선닷컴, 2007.9.20, 만물상)

세계 각국 근로자들의 연평균 노동시간과 시간당 생산액을 보면 한국 근로자들은 수준 미달이다. 한국은 2,380시간에 10.4달러다. 미국은 1,812시간에 40달러, 일본은 1,816시간에 39.9달러다. 영국은 1,646시간에 32.1달러, 프랑스는 1,360시간에 35.6달러였다.(2004년 기준 OECD 자료) 2006년에 13번 파업을 하였던 현대자동차의 자동차 1대 생산 시간은 32시간이었다. GM은 22.7시간, 포드는 23.8시간, 도요타는 21.3시간, 혼다는 21.4시간이었다.

노조뿐만 아니라 기업(자본)도 변해야 한다. 헤이마켓 사건에서 보듯이 자본의 윤리가 문제다. 거대 자본 삼성이 요즘 윤리적인 의혹의 대상이 되고 있다. 노사는 상생을 해야만 한다. 적이 되어서는 상호 멸망이다.

## 6. 법질서

양심과 도덕의 세속적인 강제가 법이다. 법이 어떻게 운용되고 있는가를 보면 그 사회의 기강을 엿볼 수가 있다. 지금 우리 사회는 무법천지다. 대통령이 법을 '그놈의 법'이라고 하고 북방한계선을 영토선이 아니라고 한다. 대선후보(정동영)가 "국보법 망령이 이 사회를 지배하고 있다"며 "악법은 법이 아니다"고 하였다. "만경대정신 이어받아 통일위업 이룩하자"던 강정구 전 동국대교수의 구속에 대해 민노당 심상정의원은 "강 교수님이 탱크를 몰고 나온 것도 아닌데....문제가 없다"고 하였다.

한명숙 전 총리는 '평택 대추리 사건'때 "모두 한 발씩 물러나 냉정을 되찾자"는 담화문을 발표한 적이 있다. 불법과 폭력을 공권력과 동일시하는 위험천만한 발상이었다. 국가인권위원회가 이라크 파병에 반대성명을 내고 종교적인 병역거부를 허용하라고 하였다. 북한 인권에는 침묵을 하면서 학생들의 일기장 검사는 안 된다고 하였다. 어느 나라 기관인지 의문이 갈 정도였다.

시민단체는 초법적인 존재가 되었다. 집회를 불허해도 강행을 하고 말리면 폭력으로 맞섰다. 그러나 위법자 처벌은 솜방망이였다. 법이 법 같지 않자 주먹이 먼저 나왔다. '김승

연 회장 사건'은 이 사회의 법질서 수준을 적나라하게 보여 주었다.

이 나라가 무법천지가 된 것은 전적으로 청와대의 책임이었다. "불법 집단행동에 공권력이 즉각 대응을 하여 법과 원칙이 바로 서는 세상을 만들려고 하였으나 정부 내 반대세력의 강한 반발로 뜻을 펼치지 못하였다. 법을 실현해야 할 국가권력이 이념적인 친소관계로 이분화하여 생각이 같은 부류의 집단적인 불법행위를 수수방관하였다. 다른 쪽은 무거운 짐을 지웠다."(김성호 법무부장관 말, 문화닷컴, 2007.10.31) 농민시위와 관련, 옷을 벗었던 허준영 전 경찰청장 말을 들으면 한심한 생각이 들기도 한다. "청와대 운동권 출신들이 시위대 편을 들기 때문에 폭력시위에 대해 엄정한 법 집행이 불가능 하였다. 효순 미선양 사건 때 시위를 부추기는 주동자를 체포하자 대다수 대통령 비서관들이 당시 치안비서관이던 자신에게 빨리 풀어주라고 하였다. 시위대와 협상을 하려고 해도 야 임마 우리는 청와대와 통한다고 하였으니....."

법이 무너지면 목소리 큰 놈이 왕이다. 불법시위를 해서라도 목소리를 높이면 29.1%가 반영이 되었고, 반대로 적법시위를 했을 때는 25.2%만 반영되었다는 조사도 있다.(동아일보, 2007.1.8. A8) 법만 잘 지켜도 경제성장률이 1% 올라간다는 연구결과도 있었다. 한국은 법질서 준수지수가 비슷한 국가 중 1인당 국민소득이 가장 높은 나라였다. 역으로 말하자면 국민소득에 비해 법질서 준수수준이 낮은 미개국이란 말이다.

"1988년 광주항쟁 청문회 당시 상황은 이러했다. 기업주는 강성 노조를 향해 엽총을 들었고, 노조는 사장을 밖으로 내쫓았다. 대학생들은 스승의 머리를 깎았고, 피의자가 판결에 불복, 법대 위로 올라가 판결문을 찢었다. 폭력시위로 해가 뜨고 집단시위로 해가 졌다. 무법천지였다. 그로부터 20년이 흘렀다. 민주화 지도자들이 국정요직에 앉고 거리의 전사들이 국회, 청와대로 갔다. 그러나 살림은 줄어들고 가족 3대가 백수건달처럼 살아가는 세태가 되었다. 피의자가 판결문을 찢듯이 대통령이 선관의 결정을 찢어버리고 개인 명의로 헌법소원을 내는 기상천외의 혼란을 자초하고 있다."(조인스닷컴, 2007.6.28, 권영빈 칼럼)

이 나라는 이제 간첩을 잡으려고 해도 눈치를 봐야하는 나라가 되었다. 대검 송년회 풍자 연극에서 "저울이 저울다워야 저울이지"라는 말까지 나왔다. 역대 특검은 법이 얼마나 제 구실을 다하지 못했는지를 말해준다. 내 편이라고 봐주고 밉다고 법으로 옭아맨다면 그 법은 이미 죽은 법이다. 법을 죽인 자들은 결국 자신도 법에 의해 죽는다는 것을 알아야 한다.

## 7. 여당/야당

대통합민주신당은 민주당에서 나와 열린우리당이 되었다가 당을 깬 뒤 다시 합쳐 대통합민주신당이라는 간판을 내걸었다. 그리고선 다시 민주당과 합당을 하기로 하였다. '백년정당'이 되겠다고 큰소리 치더니만 고작해야 돌고 돌아 4년 7개월 만에 도로 열린우리당 또는 민주당이 된 셈이다. 그들은 자신을 범여권이라고 부른다. 대통령은 외면을 하는데도 자신들은 계속 범여를 주장한다. 권력의 그늘이 얼마나 따뜻한지를 이미 잘 알기 때문일까? 민주당(의원 8명)과 대통합신당(의원 140명)이 합치면 그 이름은 또 뭐가 될지 헷갈린다.

대통합민주신당을 줄여 신민주당으로 부르려다 민주당의 항의를 받았을 때 한 네티즌은 "세치 혀 바닥으로 양심도 없이 살아가는 양아치들"(조선닷컴, 2007.9.6, 사설관련 댓글, ID 김봉동)이라는 격한 댓글을 달았다. 또 다른 네티즌은 "대통합신당의 대선후보 1차경선이 엉망이 되자 총리와 장관했던 사람들이 모여 만든 당이 초등학교 반장선거만도 못한 코미디를 연출하였다"고 비꼬았다. 코미디언 황기순은 "나는 국회의원이 꿈이었다. 왜냐하면 웃기니까"(2007.7.24, KBS 아침마당)라고 웃겼다.

2004년 3월 대기업 돈이 열린우리당 창당과정에 유입되었다고 하여 비난이 일자 이미지를 쇄신한다고 당사를 변두리로 옮겼다. 민주당도 2006년에 돈이 없다며 버스 당사, 길거리 당사를 만들겠다더니 말 뿐이었다. 노대통령은 호남지역 국회의원들 앞에서 호남의원들과 함께는 답답해서 일을 못 하겠다고 하였다. '호남 뭉치자'는 저급한 전략을 갖고 지역주의를 부채질한다는 것이었다. 그 같은 말은 경상도 의원들 앞에서 먼저 했어야 했다. DJ와 함께 춤을 추었던 사람이 DJ 눈치를 보는 사람들을 나무라니 누굴 탓해야할지 모르겠다.

한나라당은 별명도 많다. 엘빙당, 차떼기당, 기득권당, 부패당, 가진 자 당, 노쇠당, 공룡당, 성추행당, 딴따라당, 잡탕당, 불임당 여전하당, 당신네당, 여당 같은 야당...끝이 없다. 한나라당 사람들은 엉뚱한 짓만 골라 하였다. 여자, 술, 골프, 폭행, 폭언 등 그칠 날이 없었다. 최연희 의원은 여기자를 만졌다가 홍역을 치른 뒤 탈당을 하였다. 전여옥 의원은 DJ를 치매증 노인으로 폄하하였으며 경기도 지역 원외 지구당위원장들은 물난리 속에 수해지역 골프장에서 골프를 쳤고 공성진의원 등은 국감 중 피감기관인 군 시설 골프장에서 골프를 쳤다. 김태환 의원은 골프장 캐디를 구타하였고 곽성문 의원은 술자리에서 술병을 던지며 소동을 벌였다. 임인배 김태환 의원은 국감 뒤 피감기관 사람들과 함께 술과 밥을 먹었다. 재산공개 결과 평균재산은 여당을 압도하였다. 돈 많고 엉뚱한 짓만 하는 그들은 싸우기에는 너무 심약하고 달리기에는 너무 뚱뚱한 사람들이었다. 자신들이 잘해서가 아니라 상대방 실수 때문에 오늘의 그들이 있었는데도 여전히 도루묵이다.

시대에 뒤졌다느니 시대정신을 읽지 못했다느니 반성을 하는 척 하였으면서도 하는 행동은 여전하였다. 2004년 4월 총선 때는 심기일전하겠다면서 그들은 여의도에 천막당사를 만들기도 하였다. 그러나 그들의 수준은 '구정물' 수준이다.(오마이뉴스, 2007.11.12, 손석춘) 차떼기 주역이 다시 당의 상임고문이 되고 당내 경선을 통한 대선후보와 낙선후보가 한 마음이 되지 못하는 것을 보면 아직도 멀었다. 한나라당 아버지라던 이회창씨가 나서 쪽박을 깨니 저러고도 수권정당이라 할지 선뜻 믿음이 가지 않는다.

구양수(歐陽脩)의 붕당론이 생각난다. "무릇 군자는 군자끼리 도를 같이 함으로써 붕당을 이루고 소인은 소인끼리 이익을 같이 함으로써 붕당을 이루는 것이니 이는 자연스런 이치입니다. 그러나 신은 소인에게는 붕당이 없고 오직 군자에게만 붕당이 있다고 생각합니다. 왜냐하면 소인이 좋아하는 것은 녹봉, 이익이고 탐하는 것은 재화이기 때문에 이익과 일치할 때에는 잠시 끌어들여 붕당을 이루지만 이것은 거짓 붕당입니다. 이익을 보면 서로 다투다가 이익이 다하면 교류가 멀어져 도리어 서로를 해치고 형제 친척이라도 서로 보호치 않습니다. 그렇기에 소인은 붕당이 없고 그들이 잠시 붕당을 만드는 것은 거짓이라고 생각합니다." 여야 할 것 없이 새겨들어야 할 말이다.

## 8. 변양균과 신정아

최인호의 소설 '별들의 고향'이 영화화되어 장안에 눈물을 뿌린 적이 있었다. 70연대 초 이야기다. 그 때 월급쟁이들은 '쏘맥'을 즐겼다. 소주(쏘주)에 맥주를 섞어 마셨다. 돈도 덜 들고 빨리 취해 일석이조였다. 그 때 술집 아가씨들은 거의가 시골 출신이었다. 어쩌다 맥주집에 가면 그들과 어울려 추억에 잠겨서 낭만에 취해서 술잔을 주고 받았다.

술집 아가씨 '경아'는 참 예뻤다. 경아는 남자들을 만나 사랑을 속삭였다. 그러나 한혜진의 노래 '갈색 추억'처럼 "...음악에 취해서 사랑에 취해서 끝없이 행복했는데 어느 날 갑자기 그대는 떠나고 갈색등 불빛만 남아 외로운 찻잔에 싸늘한 찻잔에 희미한 갈색 추억"이 되어버린 '경아'는 슬픈 사람이었다. 영화 '별들의 고향' 줄거리였다.

최근 '신정아'라는 이름이 언론에 첫 모습을 드러냈을 때 나는 '정아'와 '경아'의 모습이 착종되어 혼란스러웠다. 지성을 가장한 한심한 여자가 아닌가 의심도 해보고 세상 나쁜 놈들이 순진한 아가씨를 망쳐놓았구나 하는 생각도 하였다. 하지만 이제 와서 생각하니 이 시대 우리 모두가 합작해서 만든 또 다른 '별들의 고향'의 주인공이었지 않나 생각해 본다. '정아'는 두 번의 구속영장 끝에 구속되었지만 그를 둘러싼 일련의 모습은 70년대 수준에 머물러 있었다.

70년대 '경아'에게는 정치적인 것은 없었다. 2000년대 '정아'는 너무나 계산에 밝았고 많은 사람들을 망가뜨렸다. 정부부처는 물론 불교계, 광주 비엔날레, 동국대, 은행, 기업 등 한두 군데가 아니었다. 온 나라가 들썩거렸다. 권부의 변양균씨가 정아씨를 갖고 놀았는지 아니면 그 반대였는지, 두 사람이 나라를 갖고 놀았는지 나라가 놀이터를 만들어 주었는지 참으로 헷갈린다. 하지만 두 사람의 꼴불견에서 이 정부, 우리사회의 모습을 훤히 볼 수가 있었다.

백성들은 청와대에 시스템이 있기나 한 것인지 물었다. 민정 수석실의 존재 이유부터가 시비대상이 되었다. 청와대는 변씨 말만 믿고 언론보도를 말도 안 되는 소리라고 하였고 대통령까지 나서 '깜도 안 되는 소설 같은 얘기'라고 하였다.

변씨는 국가예산과 정책을 쥐락펴락해서 조선시대 관리를 연상케 하였다. 심지어는 공적자금이 투입된 공기업과 회사 돈까지 넘보았는데도 그 누구 한 사람도 그를 견제하지 못했다니 최고의 권부 청와대가 이렇게 돌아가도 되는 것인지 되묻지 않을 수 없었다.

변씨는 공직자로서 부도덕하고 위선적이었다. 한 달에 500만 원이 넘는 숙박비를 주고 호텔 같은 곳에서 생활을 하며 집엔 들어가지도 않았다. 그래도 모범 공무원이었고 대통령과 전직 총리가 애지중지 하였다니 그들의 도덕적인 수준까지 가늠해볼 수가 있다.

신정아씨는 궁지에 몰리자 변씨 정도는 아무 것도 아니라며 큰 소리를 친 적이 있다. 변씨보다 더 높고 힘 있는 사람이 그를 돌봐주고 있는 것처럼 행세를 하였다. 그 말이 진짜라면 그 몸통은 누구였단 말인가.

이 사회는 짝퉁이 얼마든지 통하는 사회다. 짝퉁 대학교수도 있고 짝퉁 미술 큐레이터도 있다. 신정아 사건이 터진 뒤 이 사회는 수많은 짝퉁들이 스스로의 참 모습을 드러냈다. 내가 언제 거짓말을 했느냐 언론과 사회가 그렇게 만들어 놓고 책임을 떠넘기고 있다는 사람까지 있었다. 신정아가 멋있다는 인터넷 댓글도 있었다.

오스카 와일드(Oscar Wild)의 말이 생각난다. "아름다운 육체를 위해서는 쾌락이 있지만 아름다운 영혼을 위해서는 고통이 있다." 변양균-신정아는 무엇을 위해 살았으며 이 사회의 수많은 짝퉁들 또한 그렇게 사니까 좋았더냐고 묻고 싶다. 다시 노래 '갈색 추억'의 노랫말이 떠오른다."....우리는 나란히 커피를 마시며 뜨거운 가슴 나누었는데 음악에 취해서 끝없이 행복했는데 어느 날 갑자기 그대는 떠나고 갈색등 불빛만 남아 외로운 찻잔에 싸늘한 찻잔에 희미한 갈색 추억".

# III. 진보와 안보/외교

## 1. 반미 좀 하면 어떠냐?

미국은 세계 최강이다. 세계 10위 국가 군사비를 모두 합쳐도 미국을 못 당한다. 경제도 최강이고 정치력도 최강이다. 그런 최강 일류 국가에 '반미 좀 하면 어떠냐'는 말을 노무현 대통령이 하였다. 민족주의자를 자처하거나 공산주의자가 아니면 하기 어려운 말이었다. 결과적으로 그의 말은 민족과 자주를 말하기 위한 서론인 셈이었지만 대한민국의 정체성에 엄청난 혼란을 초래하였다.

전시 작전권 환수, 북한 핵, 북방 한계선 등은 결코 미국을 빼놓고 말할 수 있는 간단한 사안들이 아니다. 역사를 모르는 사람들에겐 감성적이고 비논리적인 '반미 좀 하면 어떠냐'는 말이 대단히 민족적이고 자주적으로 들릴지 모르지만 역사를 만들었고 그 시절을 살아온 사람들에겐 이해할 수 없는 너무나 가벼운 발언이었다.

그러나 노무현 대통령은 이라크 파병과 한-미 FTA협정에서는 '친미 좀 하면 어떠냐'는 듯 냉탕과 온탕을 오가는 행동을 하였다. 북핵에 대해 할 말을 해야 한다는 주장에 "나보고 북한 가서 싸우라는 말이냐"고 하였고 북방 한계선을 두고는 영토선이 아니라고 하였다. 학회의 자유토론에서나 있을법한 말들이 대통령의 입에서 스스럼없이 나왔다.

그래서 미국은 우리 대통령을 반신반의하였다. 노 대통령 이전까지만 해도 한국은 미국의 혈맹이었다. 그 같은 신념은 워싱턴 국립묘지 한국전 참전 기념비에도 분명히 새겨져 있다. "미국은 알지도 못하고 만난 적도 없었던 이웃(한국)을 지켜주기 위해 목숨을 걸고 나선 우리의 젊은 남녀들을 기리기 위해 이 비를 세운다. 자유는 거저 얻어지는 것이 아니다"는 글귀다.(Our nation honors her sons and daughters who answered the call to defend country they never knew and a people they never met. FREEDOM IS NOT FREE.) 그 밑에는 전사자(미군 8177, 유엔군 470267), 포로(미군 7140, 유엔군 92970), 부상자(미군 103284, 유엔군 1064453) 숫자가 적혀 있다.

세상만사 명암이 있듯이 국가 간에도 명암이 교차할 수 있다. 촘스키 같은 학자는 세계화를 일컬어 미국이 미국식 모델을 전 지구에 심는 것이라며 국제법 위에 군림하는 미국은 불량국가라는 말을 하였다. 폴 케네디("강대국의 흥망"의 저자)는 한국의 전시 작전권 환수 문제와 관련, 장기적으로는 바람직하지만 지금은 적기가 아니라고 하였다. 이처럼 미국의 처사가 죄다 옳은 것이 아니듯, 한국이 하는 일도 옳지 않은 것이 있다. 특히 옳지 않을 수도 있는 말을 대통령이 나서서 할 필요는 없다.

미국에는 9만3천여 명의 한국 유학생이 있다. 미국에서 유학을 하고 있는 전 세계 유학생의 15%에 가깝다. 수많은 교포도 있다. 한국 대학 교수의 상당수가 미국에서 학위를 받았다. 미국은 한국의 주요 수출국이자 수입국이다. 둘도 없는 우방임은 이 모든 사실들이 말해주고 있다. 대통령도 이런 사정을 모를 리 없다. 그런데도 반미 운운했다면 분명히 다른 속셈이 있었을 것이다. 과연 그 속셈이 무엇이었는지 그것이 궁금하다.

## 2. 동북아 균형자론

동북아 균형자론은 열강의 힘이 맞닿아 서로의 이해가 엇갈리는 동북아에서 지정학적으로 한 가운데에 있는 한국이 정치, 경제적으로 균형추 역할을 하겠다는 것이다. 뿐만 아니라 아시아 각국들은 지금 제각기 민족주의를 강력한 이데올로기로 내세우고 있다. 지도자들은 지지도가 낮을수록 민족주의에 몰입하는 경향이 있다. 무엇보다도 미국에 대한 테러와 새로운 불확실성에 대비하여 자신의 위상을 새롭게 재조정하려는 것은 칭찬받아 마땅한 일이다.

북한과의 화해는 북의 핵위협을 제거하고 미국에 대한 한국의 의존도를 낮춰준다. 중국과의 관계 강화는 북한과의 관계를 원만히 하고 북한에 제재를 가하려는 미국의 압력을 막아준다. 미국과 동맹을 유지하고 한반도에 미군을 계속 주둔시키는 것은 북한과 중국이 돌아설 때를 대비한 위험방지책일 수도 있다. 그러나 자칫 잘못하면 양다리 걸치기가 된다. 대충 이 같은 시나리오가 동북아 균형자론일 것이다.

마이클 아머스콧(미국의 전 브루킹스 연구소장)의 시각도 비슷하다. "역사적으로 한국은 세계를 상대로 고립전략, 대륙정책, 해양전략을 구사하여 왔다. 최근에는 해양전략을 구사하고 있다. 미국에 의존, 인접한 호전세력으로부터 자신을 보호해 왔다. 그러나 현재의 많은 한국 지도층 인사들은 이 같은 전략의 중요성에 대해 회의적이다. 그들이 우선시하는 것은 평양과의 화해다. 이를 위해 워싱턴보다 북경에 무게를 둔다. 범아시아 위주로 지역을 재조정하여 한국을 동북아시아의 경제허브로 만든다는 비전을 추구하고 있다. 방위 사슬에 있어서 워싱턴과 마찰을 빚고 있는 사이에 북경과는 새로운 군사협력을 모색하고 있다. 일본에 대한 한국민의 점증하는 적의, 중국에 대한 점증하는 경의는 대륙과 해양세력에 대한 한국의 태도가 비대칭적임을 보여준다. 한국은 중국에 반대하여 균형을 취한다기보다 중국에 편승을 함으로써 균형을 취한 선례가 있다. 이 때문에 일부 미국인들은 노무현 대통령의 동북아 균형자론이 생각보다 깊은 뜻을 담고 있다고 믿는다."(중앙일보, 2005.6.20. 30)

동북아 균형자론은 한국외교가 해양전략에서 대륙전략으로 전환되는 결정적인 전조가 될 것인가 아니면 미래의 전략적인 선택을 극대화하는 계기가 될 것인가 하는 이정표가 풍향계가 되었다. 이정표를 세운 이상 이제는 수읽기를 냉철하게 해야 한다. 수읽기는 이미 역사 속에 있었다.(조선일보, 2005.4.30. A30, 조용헌 살롱)

임진란 때 명나라 이여송을 끌어들이기 위해 차천로(車天路.당대 최고 시객),한석봉(韓碩峰.당대 최고 서객), 이항복(李恒福), 유성룡(柳成龍)이 명나라로 갔다. 좌전(左傳: 역사적 사례와 외교수사에 관한 내용이 많은 책)에 밝았던 이항복이 이여송 장군을 만나 밥을 먹는데 이여송이 갑자기 소상반죽 젓가락(중국의 소상강 근처에서만 나는 대로 만든 젓가락)이 아니면 밥을 안 먹겠다고 생트집이었다. 옆에 있던 유성룡이 품에서 소상반죽 젓가락을 꺼냈다. 유성룡의 책사 유운룡이 이럴 줄 알고 미리 대비한 것이었다.

외교는 힘과 지략이다. 힘은 국력이다. 국력은 국민의 통합이 으뜸이다. 지금 우리의 걱정거리는 국민통합이다. 동북아 균형론도 국민적인 통합이 먼저다.

## 3. 햇볕정책

독일에서는 한 때 '햇볕' 하면 원자로를 폐기하고 그것을 자연에너지로 대체하는 상징물이었다. 그런데 한반도에서의 '햇볕'은 핵폭탄을 가져왔다. 그러자 온 나라가 속죄양을 찾느라 야단법석이고 '햇볕'을 시작한 DJ는 진보정권 재창출이 안 되면 공격을 받을까봐 2007 대선에서 코치 겸 감독으로 나섰다.

'햇볕정책' 은 200년 3월 DJ가 베를린자유대학에서 선언한 대북정책이었다. 그러나 우리는 햇볕정책의 원조 격인 브란트의 '동방정책'을 깊이 있게 공부하지 않았다. 햇볕정책은 서방국가들의 돈독한 신뢰관계보다도 동족이라는 감성적인 틀 속에서 시작하였다. 피가 이념을 극복할 것이라는 순진한 생각에서였다. 경협을 하여 경제 공동체를 형성하고 그것을 넘어 연방제를 구축하면 통일을 이룰 것으로 보았다. 그러나 정부형태와 경제체제에 대해서는 함구를 하였다."(베를린자유대학 박성조교수, 조선일보, 2006.10.16. A35, 시론)

햇볕정책에는 막연하고 우연성을 바탕으로 한 민족개념이 내포되어있다. '배타적인 민족개념'은 햇볕정책 지지자를 민족주의자 또는 애국주의자로 부르게 하였으며 선별된 좌파를 자처한 그들은 '민족적 도덕'의 잣대를 독점한 것처럼 행세를 하곤 하였다. 배타주의자들의 정책결정과 추진 과정은 불투명하였다. 그래서 햇볕정책은 불투명하고 비공개적이었으며 개인의 정치적인 도구로 전락하였다.

북한은 남한의 이런 속내를 너무나 잘 알고 있었으며 역으로 조종을 할 정도였다. 북을 포용한다는 햇볕정책은 대한민국 국민을 우선적으로 포용해야 한다는 것을 망각함으로써 우리 모두를 북한의 꼭두각시로 만들었다. 여기에서 브란트의 '동방정책'과 큰 차이를 보였다. '동방정책'은 자국민의 포용을 전제로 한 뒤 우방국들과의 신뢰 쌓기에 주안을 두었다.

남한의 햇볕정책은 퍼주기 일변도였다. 좀 더 못 줘서 난리고 못 가서 안달이었다. 주는 자는 고개를 숙이고 받는 자는 빳빳한 모습이었다. 전봇대를 담보로 삼아 개성공단 개발자금을 융자해 주는가 하면 연거푸 수재를 입은 제주도보다 북한 수재가 우선이었다. '요덕스토리'가 세계적인 관심거리가 되었지만 정부는 아랑곳하지 않았다. 사정이 이러함에도 야당은 수구꼴통으로 몰릴까봐 끽소리 못했으니 이 나라는 온통 '햇볕'으로 타들어갈 수밖에 없었다.

햇볕에 반사되어 되돌아 온 것은 미사일과 핵이었다. 미국과 일본은 하늘에서 보고 깜짝 놀랐는데도 우리는 바로 옆에서도 태연자약이었다. 대통령이 나서서 "핵실험이 진짜 핵인지, 성공을 했는지 단정을 할 수 없다"고 하였다.(중앙일보, 2006.10.10. 3) 그 나물에 그 밥 격인 정청래 의원과 이영순 의원은 당일치기 금강산 관광을 다녀와서 '핵실험에도 관광객들은 전쟁걱정이 없더라"면서 박자를 맞추기도 하였다. (동아일보, 2006.10.17. A10)

불사(佛事)를 이루겠다며 그동안 10여 차례 방북했던 월주스님(전 조계종 총무원장)은 "이젠 속았다는 느낌이 든다"고 하였다. "김구선생은 김일성과 남북협상을 한 뒤 통일정부를 세우자고 합의하였으나 자주, 외세배격이란 이미지만 남긴 채 유시무종이 되었다. 김대중 전 대통령은 김정일과 6.15정상회담 후 긴장완화가 될 줄 알았는데 돌아온 것은 서해교전과 핵보유 선언 그리고 미사일 발사였다. 나도 손 써가며 박애정신으로 오갔는데 속았다는 생각이 든다. 자유민주주의와 시장경제 그리고 헌법정신 등 분명한 토대 위에서 일대 통합을 이루어야 한다. 감상적인 '우리끼리'로만은 곤란하다는 것을 느꼈다."고 하였다.(조선일보, 2006.7.24. A27)

지난 8년간 8조원이 넘는 돈이 북으로 갔다. 200여 차례 남북회담이 있었다. 그러나 '햇볕'은 실패였다. 왜? '햇볕은 북의 변화가 목적이고 '햇볕정책'은 수단이어야 했는데도 목적과 수단이 언제부터인가 바뀌었기 때문이다.(조선일보, 2006.10.30. A30, 아침논단, 박세일)

## 4. 핵을 가진 나라 북한

2차 남북정상회담 후 북한은 청와대로 4톤의 송이를 보냈다. 귀한 선물이었다. 그러나 탈북자 증언은 인민들이 계곡에서 잠을 자며 채취한 '눈물의 버섯'이라고 하였다. 노대통령이 관람하였던 '아리랑'은 어린이들이 회초리를 맞아가며 옷을 입은 채로 소변을 보며 하루 10시간씩 연습한 것이라고 하였다. 남북회담 직전의 평양 길(도로)은 평양시민들이 물걸레로 닦은 것이었고 정치범 수용소는 생지옥이었다는 것이 탈북자들의 한결같은 증언이었다. 손발이 떨어져 나가라 흔들어 대며 행진을 하고 백성을 굶겨 죽이면서도 못살겠다고 국경을 넘는 사람들을 공개 처형하는 나라 북한-그런 북한이 2006년 10월 9일 스스로 핵보유국임을 선언하였다.

뉴욕 타임스 칼럼니스트 프리드만은 "1989년 11월 9일 베를린 장벽 붕괴로 시작된 탈냉전이 북한의 핵실험으로 탈냉전의 막을 내렸다"고 썼다. 북한의 핵은 탈냉전 시대가 끝났으나 훨씬 더 위험하고 불안정한 포스트 냉전시대를 알리는 사건이었다. 프리드만은 포스트 냉전시대가 핵무장한 아시아와 중동 그리고 이라크의 분열로 나타날 것으로 보았다. 포스트 냉전시대가 오면 국제질서는 엉망이 된다. 모두가 핵무기를 가지려 들고 중동 각국의 핵 보유에 따라 이라크가 분열되면 유가불안에 따른 세계 경제와 테러확산이 국제질서에 어떤 영향을 미칠지 아무도 모른다.

우리 정부는 북한이 설사 핵을 가졌더라도 핵을 불능화하고 종전과 평화선언을 동시에 하면 되지 않느냐는 낙관적인 생각을 하고 있는 것 같다. 핵불능화라는 말엔 여러 가지 함정이 있을 수 있다. 핵불능화는 북한이 지정한 3개 핵 관련 시설의 가동을 불가능하게 하는 조치다. 불능화 이후 기존의 핵무기, 플루티늄, 농축활동 규명문제는 또 다른 문제이다. 따라서 북한의 핵불능화 의지표명이 곧 핵문제의 완전해결인 것처럼 과장하거나 왜곡을 해서는 안 된다. "핵 문제 거론은 나보고 북한 가서 싸우란 말이냐"는 노 대통령의 말 속엔 이같이 속을 터 넣고 말할 수 없는 복잡한 사정이 얽혀 있다.

북한 핵은 '무궁화 꽃이 피었습니다'에서처럼 네 것이 내 것이고 내 것이 네 것이다는 식으로 생각을 하면 우리의 것일 수 도 있다. 그러나 핵이 그 무슨 선심의 대상일 수는 없다. 상대를 굴복시킬 수도 있고 굴복을 안 하면 죽일 수도 있는 대량살상 무기인 것이다. 북한이 핵을 가짐에 따라 남북한의 군사력은 비대칭적이 되었다. 말이 좋아 비대칭이지 유사시 전쟁이 나면 일방적인 게임이 될 수밖에 없다. 북핵에 대처하려면 북핵 폐기, 독자개발, 미국의 핵우산에 의지하는 방법 밖에 없다. 폐기를 하면 좋지만 그것을 빌미로 얼마나 많은 '보석금'을 내야 할지 생각만 해도 아찔하고 독자개발은 이전투구가 되며 미국에 의지하는 것은 '자주'의 문제로 시빗거리가 된다. 이제 와서 '햇볕정책'이 핵폭탄을 불렀다고 해봐야 누워서 침 뱉기다.

북한은 2백만이 넘는 백성을 굶겨 죽여가면서도 핵무기를 만들었다. 지난 60년간 96조원을 북한에 지원한 중국은 북한을 '고장 난 전차'라 하였다. 6자회담은 고장 난 전차를 그럴듯한 버스로 개조하려고 각자 연장을 들고 나섰지만 어디서부터 손을 대야할 지를 놓고 이해가 분분하다.

냉전이 한창일 때 한 기자가 아인슈타인에게 물었다. "핵구조를 발견한 인류가 왜 핵 위협 하나 막지 못하냐?" 아인슈타인의 대답이 걸작이었다. "정치학이 물리학보다 어렵기 때문이다"고 하였다. 우리는 지금 6자 회담의 틀을 만들어 놓고 그 틀 속에 북한을 끌어들인 데까지는 성공을 한 셈이다. 그러나 그 이후가 문제다. 가난하지만 물불을 가리지 않는 북한-그들이 만든 핵에 한반도의 미래가 달려있다.

## 5. 우리의 소원은 통일?

초등학교 때 뭣 모르고 불렀던 '우리의 소원은 통일'이라는 노랫말이 생각난다. 그 때는 통일이 무조건 좋은 것으로만 알았다. 그러나 동서독의 통일에서 보았듯이 통일이 된다고 해서 모든 것이 무조건적으로 좋은 것만은 아니라는 것을 알게 되었다. 5년째 북한 연구를 하고 있는 정신과 의사 전우택(연세대 교수)의 연구결과도 통일이 무조건 좋은 것만은 아님을 보여주었다.

남한에는 지금 1만여 명의 탈북자들이 살고 있다. 성공한 사람도 있지만 대부분이 어렵게 살아가고 있다. 전 교수는 이 중 600여 명을 만나 인터뷰를 하였고 그것을 정리하여 책으로 엮었다. 이 책에서 탈북자들은 남쪽 사람들을 '떼돈을 번 머슴'으로 보고 있으며 북은 '심리적으로 몰락한 양반'취급을 하고 있다고 하였다. 전 교수는 탈북자들에 대한 남쪽 사람들의 대접이 북한 사람들의 통일에 대한 결정요인이 될 것이라고 하였다. 남한에 와서 살고 있는 새터민들의 삶이 어떻더라는 소문, 그 소문이 북으로 넘어가 북한 주민들에게 희망의 등불이 되기도 하고 절망의 씨앗이 되기도 한다는 얘기였다.

통일의 길을 먼저 걸었던 독일은 우리에게 많은 것을

알려주고 있다. 1967년 동독 정권이 베를린 장벽을 쌓자 서독은 이 같은 사실을 결코 잊지 말고 언젠가는 책임을 묻자면서 '잘츠 기터'를 만들었다. 잘츠 기터는 독일 중부 소도시 이름인데 그 이름이 또 다른 의미를 만들어 동독의 인권탄압 사례를 수집하는 현미경 같은 존재가 되었다. 장벽을 넘을 때 조준을 한 자, 동독의 정치범 수용소 고문자도 잘츠 기터라면 움찔할 정도가 되었다. 언젠가는 처벌의 대상이 될지도 모른다는 불안감이 인권의 보호막 구실을 한 것이다. 그런 의미에서 전 교수의 기록은 아주 중요한 의미를 갖는다.

북쪽은 지금 지구상 유일의 수구 반동적인 수령 독재가 기승을 부리고 있으며 남쪽은 수구 좌파의 물결과 그 물결을 이겨내지 못하는 야당의 역부족으로 정체성의 혼란을 겪고 있다. 남이나 북이 모두 자치능력 부족과 제도의 기능불능 상태에 빠져 있다. 북쪽엔 상황 변화가, 남쪽엔 업그레이드가 필요하다. 그래야만 상생을 할 수 있는데도 북은 요지부동이고 남은 티격태격이다.

통일은 이제 만약(If)의 문제가 아니라 언제(When)의 문제가 되었다. 시대의 흐름이 그렇기 때문이다. 통일은 당위임에도 불구하고 불가피하게 선택이 뒤따를 수밖에 없다. 정치적으로 가능하다 해도 경제적으로 비용을 감당할 수 있어야만 하기 때문이다. 북측 1인당 소득이 남측의 절반 수준에 이르는데 필요한 소득조정 기간을 10년으로 보았을 때 2015-2025년을 놓고 본다면, 통일비용은 8천577억 달러로 현 국민총생산액의 6.63% 정도가 될 것이라고 한다. 통일시점이 늦어질수록 비용은 상승을 하게 된다. 그러나 통일이 될 경우 군비감축, 국제금융기관의 융자 등을 감안하면 남측 주민의 직접부담은 국민 총생산액의 3%대에 이를 것으로 전문가들은 내다보고 있다. 세계은행 조사자료(2005년 말)에 따르면 남한의 국민 총생산액은 7857억 달러이고 북한은 208억 달러였다.

통일의 노래처럼 우리는 모두 통일을 염원한다. 그러나 어떤 통일이어야만 하는가에 대해서는 자꾸 골치 아픈 숙제처럼 뒤로 미루기만 한다. 통일이 정치적인 구호가 되면 남북이 모두 불행해진다. 통일은 새터민들의 꿈과 희망이 남에서 꽃을 피워서 북으로 번져 나아갈 때만 가능할 것이다. 목소리만 높인다고 통일이 되는 것도 아니고 설사 그렇게 해서 통일이 온다 해도 그런 통일은 남북 모두에게 행복을 가져다주지는 못할 것이다.

## 6. 독일 통일과 그 후

동독인들의 대규모 탈출이 베를린 장벽을 무너뜨린 것은 1989년 11월 9일이었다. 동서독이 공식적으로 하나의 국가가 된 것은 1990년 10월 3일이었다. 사람의 통일이 먼저였고 땅의 통일은 다음이었다. 독일 통일의 가장 본질적인 힘은 동독인들의 탈출 러시였다. 못살겠다고 떠나는 데야 어쩔 도리가 없었다.

독일의 통일정책은 그야말로 장정(長征)이었다. 그 시작은 아데나워의 서방포용정책이었다. 프랑스와의 화해, NATO가입, EU통합의 견인차 역할, 이스라엘과의 화해 등을 통해 서구 민주주의와 시장경제에 뿌리를 둔 서방과 미국이 신뢰하는 나라가 되는 것이었다. 이를 바탕으로 브란트의 '동방정책'이 나왔다. 동방정책의 목적은 단계적 통일이 아니라 동서 유럽의 중간에 위치한 동서독이 대화와 협력을 통하여 유럽의 긴장을 서서히 해소하겠다는데 있었다. 동방정책은 극히 현실적이었고 절대적인 가치관을 공유하는 민주주의, 시장경제에 대한 우방국들의 지지와 제도적인 틀 속에서 추진되었다. 헬무트 콜 전 독일 총리는 회고록(2005년 출판)에서 "독일통일에서 가장 중요했던 것은 서구 우방국 특히 미국의 도움이었고 그 다음은 서독 국민들의 이성적인 지지였다"고 하였다.

그러나 통일은 또 다른 시작이었다. 서독은 분단 40년간 매년 평균 1조원씩을 동독에 지원한데 이어 통일 후에도 매년 800억 유로(약 100조원)를 구 동독지역에 지원, 2005년 말까지 1조 2500유로를 구 동독 지역으로 보냈다. 그러나 동독 사람들은 정부의 지원에 불만이었고 서독인들 역시 자신들의 몫이 줄어드는데 대해 불만이었다.

인간은 어떤 환경에서 자랐느냐가 중요하다. 노동자적인 사회교육으로 말미암은 평등과 공동체적 지향성은 일하지 않고 노는 한량을 만들었고(Wolfgang Engler,독일 사회학자) 권위적, 억압적 환경은 자기계발보다 체제순응을 고양시켰다.(Hans Joachin Maaz, 독일출신 정신과의사) 동서독인들의 상호불신은 각자가 처했던 환경(체제)에서 비롯된 것으로 하루 이틀에 치유될 수 있는 것은 아니었다.

'별난 사람' 볼프 비어만(독일 대표 가수 겸 시인)은 서독에서 살다가 동독으로 갔다. 동독을 비판하다 서독으로 쫓겨났다. 그는 말한다. "통일은 미친 짓이다. 그러나 이루어져야만 한다. 프랑스 속담에 '사전에 경고 받은 자는 두 배로 강해진다'는 말이 있다. 그래서 한국인에게 감히 경고한다. 통일은 정말 상상보다 끔직한 일이 될 것이다. 경제적, 정신적으로 값비싼 대가를 치르게 될 것이다. 통일 전보다 더 싸우게 될지도 모른다. 북쪽 사람들은 '독재의 묽은 수프'를 그리워할지도 모른다. 그 때 그들은 스스로 책임질 것이 없었다. 남쪽 사람들 또한 자신이 부당하게 약탈당했다고 실망할 것이다. 하지만 희망과 절망 사이에서 어느 극단에 치우치지 않고 긴장을 온 몸으로 견딘다면 의미 있는 삶을 살 수 있을 것이다. 안토니오 그람시가 말한 지성의 비관주의와 행동의 낙관주의, 절망과 희망 사이의 모순을 간직하라."(한겨레, 2005.6.2. 6)

동독의 마지막 국방장관 라이너 에펠만은 통일이 가능했던 것은 동독이 지속적으로 경제난을 겪었다는 것과 서독에 비해 동독이 너무 뒤떨어졌다는 점, 무엇보다도 그 같은 사실을 동독인들이 너무나 잘 알고 있었다는 점이라고 말하였다.(조선일보, 2007.6.4. A 33)

디 벨트(Die Welt)의 뮬러 기자는 통독의 교훈을 이렇게 말하였다. "인내, 원칙에 성실할 때 성과가 있었다. 서독이 헌법상의 통일 조항을 어느 시점에서도 양보하지 않았고 동독을 국제법상 국가로 인정하는 것은 전혀 고려치 않았다. 동독은 상호 국제법적 승인을 요구하였으나 서독은 단호히 거부하였다. 한 민족 두 국가가 제안되기도 하였으나 이는 동독이 관심을 갖지 않았다."

## 7. 외교

탈냉전 시대 이후 한반도 정세가 급변을 하고 있다. 한반도의 지정학적 상황과 그것을 배경으로 한 한반도 문제의 본질 그리고 본질에 부합되는 전략적 모델이 그 어느 때보다 절실히 요구된다. 참여정부는 지금까지 남북 간에는 '자기야', 한-미 간에는 '마찰', 한-일 간에는 '폭발', 한-중 간에는 '얼쑤'였다.

북한과의 협상에서는 "한국 정부가 너무 끌려가는 측면이 있었으며 2차 남북정상회담에서도 노 대통령이 북한에 지나치게 양보를 하였다."(협상전략 전문가 허브 코헨 말, 조선닷컴, 2007.11.14) 한-미는 서로가 자꾸만 먼 길을 가고 있디. 한-중 사이에는 신뢰를 지나 종속으로 치달을까봐 걱정이다.

한국의 지정학적인 상황은 19세기 말과 흡사하다. 그때도 중국(청), 일본, 미국, 러시아 등 강대국들이 한반도에서 각축전을 벌이고 있었다. 열강의 격돌 앞에서 고종은 어떻게 하면 자주노선을 추구할 수 있을까 노심초사하였다. 그 같은 고민에 답을 준 것은 일본 주재 중국외교관 황준헌(黃遵憲)이 쓴 '조선책략'이었다. 모든 일은 중국과 상의하고(親中國), 일본과 새로운 관계를 맺으며(結日本), 미국과 통상조

약을 체결하며(聯美國), 러시아를 경계하라는 것이었다. 그러나 일본은 조선을 통째로 먹으려 하였고 미국은 너무 멀었으며 러시아는 음흉하였다. 중국만이 기댈 수 있는 유일한 언덕이었다.

1200여 년이 지난 오늘, 고종과 노무현의 외교노선은 너무 닮은꼴 같다. 열강의 간섭을 덜 받겠다는 자주외교가 그렇고 세력균형을 통해 주도적인 위치에 서보겠다는 동북아 균형자론도 그렇다.(조인스 닷컴, 2006.7.17, 송호근 칼럼)

미국은 세계 59개국에 기지를 두고 170개 국가에서 매년 비밀 군사훈련을 하는 초대강국이다. 중국은 외국인 직접투자 세계 1위, 와환보유고 2위, 무역규모 3위, 경제력 6위, 미국과 일본에 노라고 말할 수 있는 나라다. 일본은 미국이 편을 들어주고 있으나 '위안부'에 관한 미 하원 결의안 통과에서 보듯이 세계의 망신거리가 되었다. 러시아는 이제 눈부신 경제성장을 하고 있다.

그러면 우리는 이런 열강의 틈바구니에서 어떻게 살아남아야 할까. 토플러는 한국의 친 중국 외교를 우려한다. "중국 친화적으로 가면 한국이 국제외교나 경제문제에 있어서 지금과 같은 영향력을 가질 수 있을지 의문이며, 중국이 지배적인 영향력을 행사하면 한국의 영향력은 줄어들 것이기 때문에 미국을 지렛대로 활용하여 중국의 위성국이 되지 않도록 조심하라" 충고하였다.(조선일보, 2006.12.16. B7) 한승주 전 외무부장관은 좋은 외교에 대해 다음과 같은 말을 하였다. "강대국과 협력, 보호나 협조를 받는 굿 보이(good boy)도, 강대국과 사사건건 다투고 문제를 일으켜 떡 하나 더 얻어먹는 악동(bad boy)도 되어서는 안 된다. 자존과 자주의식을 잃지 않으면서 강대국과 공동의 이익을 추구하는 멋진 사람(smart boy)이 되자. 계산이 아닌 감정에 의한 얼굴 붉히기, 함부로 말하기는 곤란하다. 심리적인 만족을 위해 감당 못할 말을 하고 화를 내서는 안 된다. 좋은 외교는 일방적인 승리가 아니라 공동 이익을 추구하며 말을 아끼고 상대의 말을 경청하며 상대방에 대해 건전한 의심을 가져야 한다. 일이 안 될 경우를 대비, 늘 대비책을 세우고 오만과 피해의식을 버려야 한다. 실용적인 태도와 앞을 보는 눈 그리고 조화력을 갖추어야 한다."(동아일보, 2005.12.9. A6)

신뢰감이 없는 외교, 포퓰리즘적인 외교는 결국 국민의 부담으로 돌아온다. 위안부 문제에서 일본의 몰역사적인 외교가 아베 내각의 실각을 가져왔음을 명심해야할 것이다.

## 8. 안보와 국민의식

6.25전쟁은 언제 일어났는가를 물었다. 20대 53.2%가 모른다고 하였다. 30대는 37%가, 40대는 24.5%가 모른다고 대답을 하였다. 그런 사람들에게 제대로 된 역사교육은 하지 않고 좁디좁은 '민족'교육만 주장하는 사람들이 이 나라를 망치고 있다. 한반도 전쟁 시 귀국여부에 45%가 안 하겠다(하겠다는 48.7%)고 하였고 노무현 대통령의 대북정책에 대해서는 잘 한다가 17.8%(못한다는 54.7%)였다.(조선일보, 2007.6.25. 1) 한국의 20대와 30, 40대를 합치면 60%를 넘는다. 이 나라를 책임질 상대적으로 유능한 세대의 역사의식이 이 정도라는데 대해 나는 정말 놀랐다.

참여정부 들어 '자주' 때문에 혈맹 미국과 동맹관계가 한때 곤란한 적이 있었다. 국가의 안보가 흔들렸다. 전시작전권 환수(이양)를 둘러싼 갈등 때문이었다. '전작권'이 논란의 불씨가 된 것은 한국군의 지휘권을 미국에 맡긴 데서부터 시작되었다. 1950년 6월 25일 전쟁이 일어나자 한국은 미국에 기댈 수밖에 없었다. 당시 미국은 세계 최강이었으며 북한, 중공, 소련의 연합군을 막아 우리를 지켜줄 수 있는 둘도 없는 우방이었다. 그래서 그들에게 '작전권'을 이양한 것이었다.

휴전 후 북한은 틈만 나면 미군철수를 주장하였다. 남한에게는 미 제국주의의 앞잡이 라는 비난을 퍼부었다. 명분론 상으로는 맞는 말이었다. 그러나 자유는 힘이 있을 때만 지킬 수 있다는 사실 또한 현실론이었다. 냉전이 한창일 때 서유럽은 동유럽의 바르샤바 조약에 맞서 나토를 만들었으며 영국, 독일, 프랑스 등 10여개 나라들은 지금까지 '전작권'을 미국과 공유하고 있음도 바로 현실적인 조건 때문이다.

참여정부는 '자주'를 명분 삼아 '전작권'을 빨리 내놓으라고 미국을 윽박지르다시피 하였다. 미국은 딴 소리 하지 말라며 빼앗기는 듯한 표정으로 내주었다. 그러나 정작 가져가라고 하자 이젠 조금만 늦추자고 하였다. 그동안의 '전작권' 환수를 둘러싼 모습이었다. 2012년 4월 17일이면 '전작권'은 한국으로 넘어온다. '전작권'의 이양을 두고 현찰을 약속어음으로 바꾸려는 바보 같은 짓을 하였다는 비난이 있었다. 군사문제를 정치문제화하여 안보문제를 국제거래하듯이 밀고 당겼다는 말(전 한국주재 유엔군사령관 존 틸러리)도 나왔다. 대통령이 자주를 내세워 안보장사를 하였다는 주장(동아일보, 2006.9.6. A5, 조순형)도 있었다. 자유는 지킬 수 있는 자 만의 것이다. "자유에 대한 진정한 위험은 동기는 훌륭하나 무식한 열성분자들이 알게 모르게 자유를 잠식하는데 있다"던 브랜다이스 판사(미 대법원 판사)의 말이 새롭다.

민족' 역시 자주처럼 명분은 그럴듯하지만 실체는 바람

같은 것이다. 같은 핏줄끼리 하나 되자는데 반대할 사람은 없을 것이다. 그러나 어떤 하나가 될 것인가가 문제다. 민족과 자주라는 주장 앞에 남북 정전체제의 4기둥인 군사정전위(MAC), 중립국 감시위(NNSC), 군사분계선(MDL), 북방한계선(NLL) 가운데 2개 기둥이 무너지고 이제 육지의 군사분계선과 해상의 북방한계선만 남아있다. 이제 또 바다의 경계선을 조정하자는 북의 주장에 대통령과 참모들이 박수를 치고 나섰다. 그나마 다행인 것은 그런 일은 있을 수 없다는 한-미 국방장관의 합의(2007.11.7. 제39차 한미 안보협의회 후 양국국방장관 기자회견)와 대통령의 북방한계선에 관한 발언은 위헌적이라는 헌법학자들의 견해였다.

북한의 선심 쓰듯 하는 이산가족 상봉을 보라. 남한 가족들은 하염없는 눈물뿐인데 북한 가족들은 끊임없는 말뿐이다. 말은 감정을 표현하는 수단이다. 말 앞에는 말보다 많은 감정과 생각이 있다. 먼저 것보다 뒷 것을 내세우는 상봉은 그래서 슬프다. 남쪽에는 많은 이산가족들이 살고 있다. 자유를 잃은 자만이 자유의 고귀함을 안다.

전 주월 한국군 사령관 채명신씨는 말한다. "월남이 망하기 전 월맹은 반미, 미군철수를 외쳤다. 국가기관 종교 학계 언론 문화계 할 것 없이 도처에 월맹 첩자들이 득실거렸다. 권력은 썩어서 월맹이 활동하기가 더없이 좋았다. 전쟁의 최종 목표는 승리다. 군사동맹, 전작권, 핵우산 보장 등도 유사시 승전에 도움이 되느냐 아니냐의 문제다. 핵무기도 그렇다."(동아일보, 2006.10.19. A30) 자주와 민족을 내걸고 국가안보를 흔드는 사람들이 나는 두렵다.

# IV. 역사의 교훈

## 1. 역사 속에 답이 있다

역사 속에 답이 있고 그 같은 답을 동물들은 다 알고 있었는데도 사람들만 모르고 있었다. 1902년 카리브 해 마르티니크 섬에서 화산이 폭발하였다. 8km 떨어진 생 피에르 시가지를 덮쳤다. 3초 만에 3만여 명이 숨졌다. 동물들은 이미 한 달 전에 스스로 알아서 피신을 하였다. 1923년 심해어가 일본 요코스카 근해에서 수면 위로 떠올랐다. 이틀 뒤 관동 대지진이 났다. 2004년 12월 21일 스리랑카에서는 해일로 수만 명이 사망하였다. 그러나 국립공원 동물원 안의 동물들은 하나도 죽지 않았다. 미리 도망을 갔다. 방울뱀은 1000분의 1 온도차를 감지한다. 바퀴벌레는 원자크기의 진동도 감지한다. 메기는 1km 밖 1.5V 전류를 감지한다.

역사는 누가 만드나. '혼불'의 작가 최명희는 "티끌같이 작은 일도 내가 몸을 열어놓고 오관을 다하여 마음으로 느낌으로 받아들인다면 역사는 바로 그 순간에 나와 한 몸을 이루어 체화될 것이다. 그리고 나는 역사의 중심에 서게 될 것이다. 역사의 현장을 교과서에서 찾지 말라. 바로 나 자신에게서 역사를 찾아라. 내 없는 역사를 무엇에 쓸 것이냐. 역사는 내가 만들어 가는 것이다. 당신과 내가 역사의 중심이다."고 하였다.

역사는 어떻게 만들어지나. '로마제국의 쇠망'을 쓴 깁븐(Edward Gibbon)은 로마제국의 쇠망 원인으로 '정신의 쇠퇴'를 들었다. 경박해진 국민과 그러한 국민에게 영합하는 지도자가 만나 쇠망의 골짜기로 떨어졌다고 하였다. 지금 우리는 중후하고 확신에 찬 지도자와 근면하고 남에게 기대지 않는 국민이 만나 나라를 살찌우고 있는지 자문자답을 해보자.

2005년 7월 'X파일 사건'이 터졌다. YS 때의 안기부와 DJ 때의 국정원이 남의 말을 엿듣고 녹음을 한 것을 'X파일'이라 불렀다. 검찰은 143일간이나 수사를 하였지만 결과는 보도한 언론사 기자와 하급자들만 처벌을 받고 '원흉'들은 모두 빠졌다. 그 때도 '삼성 장학생' 얘기가 나왔으나 정치인과 검사 등에게 금품을 주었다던 이건희, 홍석현씨는 무혐의 처리가 되었다. 권력과 재력은 빠지고 힘없는 사람들만 벌을 받았다.

실존철학자가 되기 전에 정신과 의사였던 야스퍼스(Karl Jaspers)는 정신질환을 앓는 환자들의 공통점은 자기 정체성이 없다는 것을 알았다. 바로 이 정체성을 되찾아 개인의 기본권과 자유주의를 확립한 것이 데까르트(Descartes) 이후 서양철학사의 흐름이자 근대 시민사회의 역사였다. 지금 우리 사회의 좌우 혼란은 결국 정체성과 관련이 있다. 좌파의 대중선동적 포퓰리즘은 자본주의의 어두운 면만 강조를 하고 장점은 감춘다. 대한민국은 50여 년간 체제경쟁에서 결과론적으로 북한의 사회주의를 이겼다. 이것이 우리의 역사이다.

베를린 한 복판에 대학살(holocaust) 기념관이 있다. 그 기념관 안에는 나치시대에 희생된 사람들의 사진과 일기 등이 진열되어 있다. 기념관 입구에는 이런 글귀가 있다. "이런 일이 있었다. 그러나 또 일어날 수 있다. 이 때문에 우리는 이것을 말해야 하는 것이다."

중국 상고 시대에 문왕(文王)은 유폐당한 채 주역(周易)을 일구었고, 공자는 진과 채 나라 사이에서 꼼짝할 수 없었던 신세로 춘추(春秋)를 지었다. 굴원(屈原)은 추방당해 이소(離騷)를 읊었고, 좌구명(左丘明)은 장님이 되어 국어(國語)를 엮었다. 손자(孫子)는 다리가 잘린 비운 속에서도 손자병법(孫子兵法)을 썼고, 여불위(呂不偉)는 귀양살이에서도 여씨춘추(呂氏春秋)를 썼으며 한비자(韓非子)는 감옥에서 세난(說難)을 지었다. 이들은 모두 왕시(往時.과거)를 꺼내어 래시(來時.미래)를 말하였다. 역사 속의 길을 말한 것이다. 역사 속에는 답이 있다. 답을 찾기 위해 역사를 말하는 것이다.

## 2. 소돔과 고모라

부패한 한국사회를 혹자는 ROTC(Republic of Total Corruption. 모두가 부패한 나라)라 불렀다. 구약 창세기에는 소돔과 고모라 등의 멸망에 관한 애기가 나온다. 성적 퇴폐로 하느님의 저주를 받은 소돔 등지에 불, 소금, 유황비가 내려 폐허가 되었다. 소돔과 고모라는 죄악의 세계를 뜻하며 소돔 사람들이 행하였던 죄악을 sodamy, 죄악을 행한 자를 sodomite라 하였다.

한때 MBC 연속극 '애인'이 시중의 화제 거리가 된 적이 있었다. 결혼한 부부라도 각자 애인이 있을 수 있다는 말도 안 되는 연속극에 사람들은 혹했다. 고교생들이 '빨간 머플러"란 음란영화를 만들어 논란이 되기도 하였다. 사회를 썩게 하는 것은 성적인 것뿐만 아니다. 돈과 권력이 썩으면 그 폐해가 더 크다. 독재정권이야 독재니깐 그렇다손 치더라도 명색이 민주정권에서도 썩는 냄새가 여전하였다. 그래서 ROTC란 말이 나온 것 같다.

권력에 취해서 돈을 후무리다가 들통이 난 자, 돈으로 권력을 부리려다가 둘 다 신세 망친 자, 명예를 팔아 권력과 돈을 차지하였던 사람- 그들이 바로 ROTC의 sodomite였다. 1995년 10월 어느 날 귀가 길에 성폭행을 당한 한

여중생이 이듬해 애를 낳았다. 판사가 수백만 원을 받고 피고인을 석방하였다가 판사직을 그만둔 일도 있었다. 스님이 갈비집에서 억대 도박을 하다가 수갑을 찬 일도 있었다. 영사가 비자 장사를 한 적도 있었다. 어떤 로비스트는 검찰, 경찰, 언론에 부탁을 하였더니 안 되는 일이 없더라고 하였다. 삼성이 터지고 경기도 내 외국어고교 입시 시험지가 수천만 원에 암거래되었다.

한 시인은 '신 오적가'라는 풍자시를 이렇게 적었다. "먼저 黃貌(황모)- 四夷溫水(사이온수) 잡지에 발표한 논문은 날조된 것. 키우라는 줄기세포는 없고 실험실에는 거짓 기만이라는 호박 줄기만 무성.

두 번째 尹貌(윤모)- 재주 좋은 원숭이 비슷한 짐승이 나타나 장안을 들었다 놓았다 하였다. 호는 巨物(거물), 성씨는 富(부), 이름은 勞去(로거), 읽으면 브로커다. 세 번째 옛날에도 오적이 있었는데 그들을 흠모하고 흉내 내는 便胡使(변호사), 販劍使(판검사), 高官貸爵(고관대작), 國害疑猿(국해의원), 醬猩(장성) 무리들- 尹貌가 부르면 자다가도 달려 나왔다." 이 시는 또 이어진다.

"기억 원 기천 원 큰 돈 작은 돈 갖다 바쳤다. 이놈이 근엄한 총리와는 골프치고 안면 트고, 국해의원들과는 후원금 찔러주며 인맥 만들고, 장성들과는 부대회식에 돼지 기백 마리 헌상하며 형님 아우 삼고 도박판 벌여 돈 잃어주고 환심 사며…그렇게 정, 관, 군, 검, 경, 법원인사 수백 명과 고래심줄보다 더 질긴 연줄 만들어 송사, 진급, 이권이 이놈 손 안에서 놀더라. 옛말에 짖는 개는 여위고 먹는 개는 살찐다고 하더니만 담 넘는 도둑보고 짖는 놈은 억울하게 몽둥이질 당하고 이놈 저놈 던져주는 뇌물 덥석덥석 물어 삼킨 놈은 잘 먹어 혈색 좋고 신수만 훤하더라."

거물 브로커 윤상림은 돈 있고 힘 있는 사람들의 돈을 후무렸다. 가진 자들이 더 가지려고 권력 실세와 잘 통한다고 보았던 윤을 이용하였던 것이다. 윤의 칡뿌리를 캐들어 가다보니 진승현이 나오고 정몽규가 나오고….(조선일보, 2006.2.20. 1)

화산이 폭발하고 산성비가 내렸던 소돔과 고모라의 최후의 날은 미친 날이었다. 전국시대 말 초나라 시인 굴원(屈原)은 회왕(懷王)의 총애를 받다가 모함을 받고 관직을 삭탈 당하였다. 실의에 찬 그를 보고 어부가 '이게 뉘신가 이렇게 누추하게'라고 말하자 굴원은 "온 세상이 혼탁해도 나만은 깨끗하였고 모든 사람이 취했어도 나만은 깨어 있었지만 그들은 나를 내쫓았다"고 하였다. 그는 세상이 미쳤다고 하였다. 미친 세상은 예나 지금이나 같은가 보다.

## 3. 영사사학(影射史學)

역사상 인물이나 사건을 현실에 비추어보는 역사학을 중국에서는 영사사학(影射史學)이라 부른다. 중국을 벌집 쑤셔놓은 듯이 온통 난장판으로 만들었던 문화혁명의 시작은 해서파관(海瑞罷官)이라고 하는 영사사학에서 비롯되었다.

해서파관이란 해서가 관직에서 파면을 당해 물러난다는 뜻이다. 중국 명나라 12대 황제 세종(世宗-嘉靖帝)은 자신을 태만하다고 직언한 신하 해서의 관직을 삭탈한 뒤 감옥에 가두었다. 세월이 흘러 1956년 11월, 문예비평가 요문원(姚文元)은 경극 작가인 오함(吳晗)이 쓴 연극에 대해 '신편 역사극 해서파관을 평함'이라는 제목을 달아 문예지 '문회보'에 실었다. 글의 내용은 세종이 신하인 해서의 간언을 듣지 않고 파직을 한 것을 모택동이 팽덕회를 숙청한 것에 비유하여 모택동을 비판한 불온사상이라는 것이었다. 이를 신호탄으로 하여 중국은 모택동체제를 강화하기 위한 문화혁명(1966-1976)을 일으킨다. 중국의 정치, 경제, 사회, 문화를 압제와 빈곤 그리고 분열과 공포의 도가니로 몰아넣고 말았다.

문민정부(YS정부)는 역사 바로 세우기를 한다면서 일제의 상징 중앙청을 헐어버렸다. 이젠 서울시 청사도 사라져 버렸다. 건물만 없앤다고 일제가 청산되었을까. 참여정부는 친일과 반일, 민주와 반민주, 정의와 기회주의 등 선대의 일을 후대의 잣대로 재단하겠다면서 과거사 정리에 나섰다. 새대 간, 지역 간, 계층 간, 이념 간에 충돌을 일으키면서 사회를 혼란으로 몰고 갔다. 열린우리당 의원으로서 누구보다 과거사 정리에 앞장섰던 김희선, 신기남의원 등은 자신들의 조상이 정리대상이라는 언론보도에 사돈남 말한 꼴이 되어버렸다.

이청준의 소설 '지하실'은 과거 청산에 대해 이렇게 썼다. "세상일은 세월 따라 사람 따라 달라 보이는 것이다. 지금까지 잊고 살아온 험한 내력 되살려 사람 마음 갈라 놓으면 뭐가 좋다고…. 우리의 현재는 과거의 순정하고 정의로운 역사만이 아니라 오욕의 역사까지를 함께 하고 있다. 역사 속 진실은 겉모습으로만 재단을 할 수 없다. 중층적인 이해를 위해 당시 상황에 대한 깊고 넓은 이해와 접근이 중요하다. 서로가 뉘우치는 가해자의 정서를 가져야 진정한 화해의 길로 갈 수 있다"고 하였다.

과거사 확인은 필요조건이지 충분조건은 아니다.(통독 후 동독 과거사 연구해 온 클라우스 오페 전 훔볼트대학 교수) 스페인은 '75년 과거사'를 정리하면서 기념관, 박물관, 희생자 추모활동 등 상징적인 보상부터 하였다. 개인에게 물질적인 보상은 하지 않았다. 정신적으로 가해자를 부끄럽게 만들었다. 캄보디아에서는 1976년부터 3년간 100

만 명이 죽었다. 2006년 7월 3일 '킬링필드' 재판이 열렸다. 폴포트는 이미 죽었고 측근들은 자취를 감추었다. 젊은 세대는 그때 왜 저항을 안했느냐고 따졌다. 그러나 목격자들은 시각거부증을 앓는 사람들이 부지기수다. 그 시절을 살아보지 않고 함부로 과거를 말할 수는 없다.

선후 관계를 인과관계로 혼동하는 오류를 '원인 오판의 오류'라고 한다. 어떤 사건이 시간적으로 먼저 일어났다고 해서 그 사건이 뒤에 일어나는 사건의 원인이라고 잘 못 간주해버리는 것이다. 2차 대전 후 태평양(섬)의 원시부족들 사이에서는 기이한 풍속이 나타났다. 미군들을 본떠 활주로, 관제탑, 야자수 열매(헬멧), 막대기(총)를 든 채 활주로 주변을 서성거렸다. 전쟁 중의 상황과 현실을 혼동한 것이다. 그렇게 하면 비행기가 오고 보급품이 올 것으로 알았다. '원인 오판의 오류'를 범한 것이다. 과거사 정리-역사는 지울 수도 없고 쉽게 청산할 수도 없는 실존이다. 원인 오판을 하지 말자.

## 4. 개혁의 어려움

프랑스의 당통(Georges Jacques Danton)은 자코뱅(Jacobin)당의 우익인 관용파의 지도자였다. 그는 혁명의 속도를 늦추려 하였고 극단의 테러에도 반대하였다. 로베스삐에르(Robespierre)의 공포정치와 혁명정부의 정책에 반대하는 세력들의 희망이었다. 그러나 피에르에겐 당통이 타락한 공직자였으며 당통은 피에르를 위선자로 여겼다. 1789년 시작된 혁명은 1793년 한계에 봉착하였다. 피에르는 반대파를 닥치는 대로 옥에 가두고 왕당파라 의심되면 여지없이 사형에 처하였다. 동지였던 당통마저 조국의 구원자에서 뇌물수수와 반역자로 몰려 단두대의 이슬로 사라졌다. 그 후 자신도 단두대에 올랐다. 영국의 역사가 칼라일은 "자유여 너의 이름으로 무슨 죄가 저질러졌느냐"고 썼다.

남아프리카 공화국의 만델라(Nelson Mandela)는 27년간의 감옥살이 끝에 1994년 대통령이 되었다. 백인들에 대한 원한이 뼈에 사무쳤겠지만 침착하였다. '흑인들은 무기를 버려라'며 흑인은 용서하고 백인은 협조하는 사회계약(rainbow vision)을 통하여 전체의 이익을 극대화하였다. 백인의 기득권을 빼앗지도 않았으며 징벌적인 과거추적도 하지 않았다. 그가 가장 먼저 한 일은 '진실과 화해위원회'를 만든 것이었고 그 위원회가 죽인 것은 사람이 아니라 아파르타이드(apartheid.인종분리정책)로 상징되는 구질서(앙상레짐)였다. 만델라는 그를 있게 한 ANC(아프리카 민족회의)의 권위까지도 죽여 버렸다.

기존 체제를 뜯어 고치는 것은 이처럼 어려웠다. 그러나 프랑스 경우처럼 사람만 죽이고 체제는 그대로인 개혁보다 사람은 모두 살리고 체제를 바꾼 남아공의 보기는 세계적인 귀감이 되었다. 만델라의 개혁이 성공할 수 있었던 것은 무엇보다도 개혁의 진실성 때문이었다.

개혁에 있어서의 진실성은 이목지신(移木之信)의 고사가 잘 말해준다. 중국 전국시대 진(秦)나라 재상 상앙(商鞅)이 개혁안을 들고 나왔는데 사람들이 믿지를 않았다. 막대기를 남문에 세워놓고 이것을 북문으로 옮기는 자에게는 10냥을 주겠다고 하였으나 아무도 믿지를 않았다. 100냥을 준다고 하자 한 사람이 장난삼아 옮겼다. 그에게 돈을 주었다. 사람들은 나라가 하는 일을 믿기 시작하였으며 개혁이 가능하게 되었다.

노무현 정권 이후 우리 사회는 너무 왼쪽으로 쏠려버렸다. 좌파적인 개혁 탓이었다. 소설가 이문열씨는 "넘어져도 왼쪽으로 넘어져야 하는 세상이 되었다"고 하였다. 시인 황지우씨는 "차가 좌회전을 하면 승객들은 오른편으로 쏠린다. 이념도 그렇다"고 하였다. 노무현 대통령은 취임 후 자신이 이끄는 대한민국을 '정의가 실패하고 기회주의자들이 득세한 나라'라고 하였으며 학교를 민중사관과 국수주의로 쓰인 교과서를 가르치는 곳으로 만들어버렸다. KBS는 기회 있을 때마다 다큐멘터리에서 드라마까지 대한민국이 지난 60여 년간에 걸쳐 이룩한 현대화와 자유민주주의의 부정적인 면만을 부각시키는데 열심이었다.

2002년 월드컵은 '신명과 역동의 한국'과 '한과 열등의식의 한국'에 어떤 수식어를 붙이느냐에 따라 그 위상이 달라짐을 보여주었다. 이런 실험이 있었다. 한 팀엔 단합을 잘 한다는 긍정적인 메시지를 주고 다른 팀엔 왜 이 모양이냐는 부정적인 이미지를 심은 뒤 시합을 하게 하였다. 긍정적인 메시지를 준 팀이 이겼다. 개혁도 이와 같을 것이라고 생각을 한다.

영국은 1997년 좌파성향인 블레어가 집권을 하여 제3의 길을 제시하였다. 좌우의 경계가 불분명한 길이었다. 프랑스는 두 개의 프랑스(Deux France)를 실험중이다. 독일은 2005 총선에서 우파 메르켈 총리가 집권을 하였지만 좌우 대연정을 하고 있다. 중국의 정무문(精武門) 창시자 곽원갑은 고수의 3단계를 이렇게 말하였다. 손에도 마음에도 칼이 있는 단계(연마 단계), 손에는 없는데 마음에는 있는 단계(오만과 승리에 집착), 손에도 마음에도 칼이 없는 단계(마음을 비운 단계. 적이 없는 경지)가 바로 3단계였다. 노무현 정부의 개혁은 어느 단계쯤이었을까.

## 5. 신서와 묵계

정치인들의 말은 오징어 묵계(墨契)와 같다. 꽃 먹즙으로 쓴 금석맹약의 신서(信書)는 아니다. 묵계는 오징어 먹물로 쓴 계약서이기 때문에 1년 안에 먹물이 바래 무슨 내용인지를 알 수가 없다. 그래서 쓰나마나한 계약서를 묵계라 한다. 꽃 먹즙은 먹에 특정 색깔의 꽃 즙을 풀어 글자를 쓰면 벌레가 글자를 파먹어 확실한 흔적을 남긴다. 그래서 한 번 쓰면 변치 않는 금석맹약을 신서라고 한다.

역대 대통령들의 말은 묵계의 연속이었다. 이승만 대통령은 6.25가 발발하자 '수도 사수'를 외쳐놓고 한강 다리를 끊은 채 시민들만 남겨두고 남하를 하였다. 박정희 대통령은 5.16 쿠데타 이후 민정이양을 약속해 놓고 18년 장기집권을 하였다. 전두환 대통령은 백담사로 떠나면서(1988.11) 전 재산 139억 원을 국가에 헌납한다고 발표까지 해놓고 헌납은커녕 가진 재산은 29만 원뿐이라고 하였다. 노태우 대통령은 집권 2년차에 중간평가를 약속하였으나 이행을 하지 않았다. 퇴임 후 비자금 설에 펄쩍 뛰었으나 법원으로부터 2,629원의 추징금을 선고 받았다. 김영삼 대통령은 1992년 대선에서 쌀 수입은 대통령직을 걸고 막겠다고 하였으나 빈말이 되었다. 김대중 대통령은 1986년 여당이 직선제 개헌안을 받아들이면 사면복권이 되어도 대선출마를 않겠다고 하였으나 출마를 하였고 1992년 정계은퇴 선언도 지키지 않았다. 노무현 대통령은 실천보다는 말이 앞서 논란이 끊이질 않고 있다.

정치인들은 나라와 백성을 사랑하기 때문에 신서를 쓴다고 말한다. 그러나 그들의 말은 김추자의 노래 '거짓말이야'를 연상시킨다. "사랑도 거짓말 웃음도 거짓말 그렇게도 잊었나 세월 따라 잊었나 거짓말이야." 신기남 전 열린우리당 당의장은 '청와대 노래방'에서 가수 윤복희의 '웃는 얼굴 다정해도'를 불러 논란이 된 적이 있다.(동아일보, 2004.5.31. A16. 횡설수설) "눈짓 몸짓 다정해도 믿을 수가 없어요 날이 가면 변할 줄 알았으니까 만나서 하는 이야기 즐겁긴 해도 돌아서면 잊어버리는 간지러운 속삭임 그러니까 당신을 믿을 수가 없어요." 의미심장한 노래 같기도 하였고 그냥 즉흥적으로 부른 노래 같기도 하여 알쏭달쏭하였다.

신기남 당 의장은 부친이 독립운동가라고 자랑을 하더니만 나중엔 일제의 헌병이었다는 언론보도에 사색이 된 적이 있다. 같은 당 김희선의원도 자신이 독립운동가의 후손이라고 으스대다가 거짓말이라는 언론보도에 할 말을 잃기도 하였다.

논어 위령공편(衛靈公篇)은 말한다. "함께 말을 할 만한데 함께 말을 하지 않으면 사람을 잃고(失人), 함께 말을 할 만하지 못한데 함께 말을 하면 말을 잃는다(失言). 지자(知者)는 사람을 잃지도, 말을 잃지도 않는다"고 하였다.

말은 금석맹약의 신서여야지 거짓말, 식언, 교언영색, 흑색 선전, 선동과 같은 묵계가 되어서는 안 된다는 것이다.

정치는 수사(rhetoric)이고 수사에는 과장이 있기 마련이다. 그러나 참된 말과 신실한 행동만이 정치를 믿음으로 이끌 수 있다. 영지(英智.intelligence)를 갖춘 수사는 정치의 효율을 높인다.(Cicero) 영지란 타고난 것이며 앞뒤를 헤아릴 줄 아는 지혜를 말한다. 그러나 intellect는 후천적이며 교육을 통해서 터득할 수 있는 지식과 같은 것이다. 정치인은 지자(知者)보다는 지자(智者)가 되어야 한다. "유능한 자에겐 행동이 있고 무능한 자에겐 핑계만 있다"고 말한 버나드 쇼(Bernard Shaw)의 말을 새겨야 한다.

1945년 해방 이후 1997년까지 52년간 우리는 보수의 신서를 골백번도 넘게 보았다. 반공, 북진통일, 민주, 건설, 잘 살아보세 등 보수의 신서는 많았다. 1998년 이후 10년간은 진보의 신서가 많았다. 민족, 자주, 통일, 통합, 선진화 등의 꽃 즙 글씨도 보수의 그것처럼 묵계가 되어가고 있다. 꽃 먹즙에 곱게 쓰인 변치 않을 신서를 보고 싶다.

## 6. IMF

너희들 그런 식으로 (생각하고 행동하면서)살면 안 돼, 이렇게 살아, 어때 우리말 듣겠어? 들으면 죽지는 않게 해 줄 테니 시키는 대로 하겠어? 이게 바로 IMF였다. 지금까지의 삶의 방식을 근본부터 바꾸라는 신호였다. 바꾸지 않으면 죽는다 바꿔라 기가 막힐 일이었다. 10년 전 일이었다.

IMF는 쓸데없이 자리만 차고 앉아 세금만 축내는 관료와 대기업들의 비생산적인 구조 그리고 대중영합적인 정치인들 때문에 온 재앙이었다. '문민정부'는 겨울(IMF)이 오는 줄도 모르고 1966년 10월 29번째로 선진국 경제개발협력기구(OECD)에 가입을 하였다. 그곳에 가입만 하면 자동적으로 선진국이 되는 냥 국민들의 간을 키웠다. 소비가 미덕이고 낙원이 올 것처럼 희희낙락이었다. 언론도 덩달아 당시의 사정을 낙관하였다.

MIT의 루디거 돈 부시 교수의 말은 지금도 새삼스럽다. "한국민들의 행동 중 이해할 수 없는 부분이 있다. 교육도 많이 받고 저축도 열심히 하고 일도 많이 했음에도 이런 경제위기를 맞이했다면 강간당한 기분을 가져야 할 것이다. 원인 제공자를 색출하여 몰아내야 한다. 강간을 당하고도 가만히 있으면 또 다시 덤벼드는 게 강간범의 생리다." (조선일보, 1998.7.11, 1. 만물상)

그러나 혹자는 압축성장에 따른 성장통으로 이미 예견된 일이었다고 하였다. 1인당 국민소득을 2배로 끌어올리는데 영국은 58년, 미국은 47년, 일본은 34년이 걸렸다. 한국은 11년 걸렸다. 몸이 갑자기 불어나니 부작용이 생겼다는 것이다. 제프리 삭스는 "IMF가 한국에 대한 깊은 지식도 없이 너무 가혹한 처방을 내렸다"고 하였다.(동아일보, 1997.12.13. 12) 협의과정에서 참여도 안했고 내용도 잘 모른 3명의 대선 후보들에게 합의안 이행을 보장하는 각서까지 요구하였다. 불과 3개월 전 IMF는 연례보고서에서 한국의 인상적인 거시경제 실적을 환영하였으며 한국의 재정에 찬사를 아끼지 않았다.

한국 경제는 지금 기득권을 가진 재게 우파와 배나석인 노동계의 좌파가 합작을 하여 폐쇄적인 민족주의를 부르짖고 있다. 이상한 좌우합작은 시장경제를 위한 개혁을 막고 있다. (조선일보, 2005.6. 4. A5, 장하성) 거기에 더하여 정부의 정책이 수시로 바뀌었다. 개혁을 주장하였다가 안정으로 갔다. 국민소득 20,000불을 목표로 성장으로 갔다가 부동산이 문제되자 분배로 돌아섰다. 4가지 주제 사이를 냉탕온탕 식으로 오갔다.

연구단체들은 향후 10년이 마지막 기회라고 한다. 경쟁력을 높이면 10년 후 10대 선진국이 되지만 그렇지 않으면 남미형 후진국으로 전락할 것이라는 청천벽력 같은 예측을 한다. 똑같은 사안을 놓고 정반대되는 논리를 펴다가 둘 다 노벨상을 받는 사람들이 경제학자라는 우스꽝스런 소리도 있지만 IMF원인은 정치적인 타락(도덕성), 관료의 무책임(책임성), 기업의 비효율(효율성)이라는데 이견을 말할 사람은 없을 것이다.

정치가 경제를 이끌면 후진국이요, 그 반대면 선진국이다. 관료가 시위소찬을 하면 백성은 고달프다. 재벌총수가 족벌경영을 하면 기업은 오래 못 간다. 지금 우리는 4대 장벽에 막혀 있다. 기술, 이익, 시장, 첨단산업의 장벽이다. 이를 뚫어야만 내일이 있다. IMF교훈은 '나는 낙제다'(I am failed)에서 '나는 끄떡없다'(I am fine)로 바뀌어야만 한다.

## 7. 언론의 역할

시대가 변하면 언론도 변해야 한다. 아니 언론이 시대의 변화를 주도해야 한다. 언론이 권력과 돈 사이에 끼어 이 눈치 저 눈치 볼라치면 언론은 더 이상 언론일 수가 없다. 동독이 무너진 것은 언론 때문이었다. 서독으로부터 불어오는 자유의 바람 앞에 공산독재는 풍화작용을 일으킬 수밖에 없었다. 언론은 정신의 밑거름이요 행위의 토대다. 그래서 언론은 총 칼보다 무섭다고 하였다.(Pen is mightier than sword.)

언론은 스스로의 정당성을 소비자 주권론, 현실 반영론, 객관성, 불편부당 등에서 찾는다. 그러나 주장에는 반론이 있듯이 소비자는 누구이고, 현실은 어떤 현실이며, 객관성과 불편부당은 질적이냐 양적이냐를 두고 논란이 있을 수 있다. 결론은 언론의 양심과 도덕에 맡길 수밖에 없는 것이다.

참여정부 들어 권력과 언론이 크게 충돌을 하고 있다. 노무현 대통령은 '취재 선진화'란 명분을 내걸고 언론을 길들이려 하고 있다. 언론이 순치의 대상이 아니라는 것쯤은 누구나 아는 일인데도 말이다. 상식을 넘는 노대통령의 언론통제는 시대에 역행하고 인간의 자유로운 정신활동에 간섭을 하겠다는 위험한 발상이라 아니할 수 없다.

나 같으면 차라리 내 말 제대로 잘 써 주고 비판하는 만큼 칭찬도 해달라고 까놓고 말하겠다. 그러나 대통령은 언론이 사실을 왜곡하고 침소봉대한다면서 당신들이 그렇게 나오면 나도 내 방식대로 하겠다는 듯 국정 브리핑 등을 만들어 공무원이 공무를 보도하는 희한한 일을 하였다. 뿐만 아니라 주류 언론이 밉다고 군소 신문과 인터넷 등 비주류 언론에 정부지원금과 광고를 주는 등 민주국가에서 있을 수 없는 일을 하였다.

언론은 말과 글로써 사상을 전한다. 말과 글은 현상을 표현하는 수단(기호)이다. 기호에는 기표(記表)와 기의(記意)가 있는데 기표는 언어의 사전적인 의미로서 겉으로 드러난 모습을 묘사하고, 기의는 언어의 내면적이고 함축적인 의미를 지닌다. '미친 놈'이라 했을 때 기표상의 의미는 '정신이상자'를 의미하나, 기의상 의미는 '웃기는 사람' 또는 '실없는 사람' 등 상황에 따라 여러 가지 의미로 사용될 수 있다. 따라서 내 말을 왜곡했다거나 침소봉대했다고 불평을 할 것이 아니라 내 말의 진의는 이랬다고 상대를 이해시키고 설득을 해야 한다. 그래야 정확한 의사소통을 할 수 있다는 것은 대화의 기본 상식에 속한다고 볼 수 있다.

그러나 언어의 속성이 그러하고 그 같은 언어를 매개로 한 언론의 속성이 그렇다손 치더라도 언론은 양심적이고 도덕적인 책임감을 가져야 한다. 상황에 따라 원칙도 없이 갈팡질팡하고 돈(광고)에 현혹되어 정론(正論)의 길을 벗어나면 더 이상 언론이라 할 수 없다.

민노당이 삼성그룹 본관 앞에서 '삼성 비자금 의혹' 기자회견을 가졌으나 주류 언론사 기자들은 보이질 않자 "오늘 이 자리에 나온 기자들은 용감한 기자들이다. 박수를 보냅시다"는 진풍경이 벌어졌다.(오마이뉴스, 2007.11.4) 천주교 정의구현 사제단은 "언론탄압 운운하며 언론자유 수호를 외쳤던 신문, 방송, 편집국장과 보도국장들은 다 무엇을 하고 있느냐. '삼성 비자금의혹' 사건이 2,3단 짜리 기사거리밖에 되지 않느냐" 며 "삼성 앞에 언론은 비겁하다"고 하였다.

가야할 곳에 가지 않는 기자, 써야할 기사를 안 쓰거나 못 쓰는 기자 또는 언론이 있으니까 참여정부의 '취재 선진화' 정책도 나올 법 하지 않느냐고 말한다면 언론은 뭐라고 대답할지 모르겠다. 언론의 자유와 의무가 언론사 사주나 기자의 자유가 아니듯 '취재 선진화' 정책도 정부가 제 멋대로 할 일이 아니다. 언론의 자유는 국민의 것이며 언론사는 그 같은 자유를 실현할 수 있는 권한을 위임받았을 뿐이다. 정부 또한 헌법의 테두리 안에서 법을 엄정이 집행해야 할 국민의 대행자일 뿐이다. 헌법에 보장된 언론의 자유를 총리의 훈령으로 좌지우지한다는 것은 있을 수 없는 일이다. 언론과 권력-그 나물에 그 밥이 되어서는 안 된다.

## 8. 뒷모습이 아름다운 사람들

때와 장소를 가리지 않고 자기 몫을 다한 사람들의 뒷모습은 아름답다. '가야할 때가 언제인가를 분명히 알고 가는 이의 뒷모습'(이형기의 '낙화'에서)은 더더욱 아름답다. 뒷모습이 아름다운 사람들은 대나무처럼 곧게 살았다. '이런들 어떠리 저런들 어떠리'식은 아니었다.

조선시대의 이덕무(李德懋)는 어머니와 누이가 영양실조로 숨졌다. 그의 삶은 비참하고 처절하였다. 보통 사람 같으면 거기서 끝이었을 것이다. 그러나 겨울 추위에 얼어 죽지 않으려고 책을 병풍과 이불삼아 잠을 잤다. 그가 생전에 남긴 자신의 키보다 더 높은 분량의 책에 담긴 그의 영혼은 후세의 빛이 되었다.

경주 최부자를 높이 치는 이유는 그 집안의 아름다운 전통 때문이다. 만석 이상은 사회에 환원하고 100리 안에 굶어죽는 사람이 없게 하였다. 흉년에 논을 사지 않았으며 지나가는 손님을 후하게 대접하여 보냈다. 파장의 물건은 사지를 않았고 진사 이상의 벼슬은 삼갔다. 시집 온 며느리는 3년 이상 무명옷을 입고 지내게 하였다. 부자이면서도 남을 먼저 생각하고 권력을 탐하지 않았으며 근검절약하였다. 삼가하며 멈출 줄을 알았던 이른바 지지(知止)철학을 실천한 뒷모습이 아름다운 집안이었다.

조무제 전 대법관은 청렴과 고독을 벗 삼아 평생을 원칙주의자로 살고 있다. 판사는 판결로서만 말을 한다면서 묵언을 즐겼으며 법관은 고독해야 정당한 판결을 할 수 있다면서 밥도 혼자서 먹었다. 로펌에서 모셔가겠다고 해도 전관예우는 싫다면서 대학으로 갔다.

12월 대통령 선거를 앞두고 사람들의 움직임이 너무나 분주하다. 그러지 말아야 할 사람들조차 덩달아 난리다. 대학 총장과 교수들은 물론이고 탤런트 가수까지 줄을 못 서서 안달이다. 제자들에게 부끄럽지도 않고 팬들이 두렵지도 않는 모양이다. "이룬 것보다 더 인정을 받는 것 같아 죄송하다"는 박경리 선생의 말은 그래서 빛이 난다.

요즘 정치판은 정답을 알지 못하면서도 옆 사람이 손을 드니까 덩달아 손을 드는 '봉숭아 학당' 같다. 대통령에 나서라고 온 국민이 간청을 해도 나는 가난한 조국의 농업을 일으켜야만 한다면서 고향으로 간 전 유엔 사무총장 코피아난의 뒷모습이 아름답고, 독재의 고문에도 살아남아 "이 세상 소풍 즐거웠노라"고 읊었던 천상병 시인의 뒷모습이 돋보인다.

안치환의 노래 '내가 만일'의 가사 말 "세상에 그 무엇이라도 그댈 위해 되고 싶어. 오늘처럼 우리 함께 있음이 얼마나 큰 기쁨인지. 사랑하는 사람아 너는 아니 워 이런 나의 마음을"의 여운이 아름답다. "어리석게도 우리는 무엇인가를 정치와 전혀 관계가 없는 무엇인가를 위해서 살리라 믿었던 우리는 모두 무엇인가가 되어."라는 김광규 시인의 '희미한 옛 사랑의 그림자'가 아름답다.

중국 불교 성지인 산동성의 오대산(五臺山)에 살고 있는 새들은 하도 많이 스님들의 강연을 들어 나름대로 분별력을 갖고 있었다고 한다. 유명한 스님들이 설법을 강연하면 조용히 듣고 그렇지 못한 스님들의 말엔 지지배배 소란을 피웠다고 한다. 그래서 숙조지경(宿鳥之境)이란 말이 생겨났다고 한다. 뒷모습이 아름다운 사람들의 말은 오대산의 새들도 알았었나 보다.

도스토예프스키는 단두대에서 요행이 살아남았다. 톨스토이는 장원의 주인으로 나날을 편하게 살 수도 있었다. 그러나 이 두 사람 러시아 천재들의 영혼은 항상 동요와 불안으로 가득 차 있었다. 작가의 영혼은 언제나 그 밖의 다른 생명과 하나하나가 서로 관계가 있는 것이고 자신의 주위에서 들리는 영혼의 신음은 언제나 매우 깊이 그들의 영혼을 자극하였다. 그래서 그들은 훌륭한 작품을 남겼고 그들 뒷모습은 그래서 아름다웠다.

세상의 부조리에 눈을 감고 남의 고통에 대해 무관심했던 것은 나의 죄라고 생각을 하고 미움이나 갈등이 없는 세상을 만들려고 무진장 애를 쓰는 사람들의 뒷모습은 아름답다. 원칙을 갖고 사는 인생은 외롭지만 그 인생의 뒤 끝은 정의롭다.

# V. 저 높은 곳을 향하여

## 1. 21세기 세상

18세기는 산업혁명의 시대였고 19세기는 과학혁명의 시대였다. 20세기가 정보의 시대였다면 21세기는 이야기의 시대라 할 수 있다. 이야기 시대에는 새로움(내용)과 감동(형식)이 모든 사람들의 주요 관심사가 된다. 지금까지는 개혁(혁신)에만 열중하였다. 앞으로는 창조(새로움)에 심혈을 기울여야만 한다는 게 전문가들의 공통된 지적이다. 개혁은 기존의 방식을 바꾸는 것이지만 창조는 무에서 유를 만드는 것이다. 우리가 지금까지 알고 있는 것은 모르는 것의 1%도 안 된다. 더 많은 것을 알아야 한다. 그래서 창조가 필요하다.

창조에는 비전과 상상력이 필수적이다. 사막 위에 뉴욕과 같은 도시를 건설한 세이크 모하메드 듀바이 대통령에게는 비전과 상상력이 있었다. 세계적인 첼리스트 장한나 양은 한-중-일 3개국 학생들을 모아놓고 3일간 연습을 한 뒤 베토벤 곡 등을 훌륭하게 협연하였다. 서로 말이 달라 의사소통을 할 수가 없었으나 작곡자가 어떻게 해서 그 곡을 썼을까 하고 각자가 상상력을 발휘하여 연주를 한 결과 상상을 초월한 훌륭한 협연을 할 수가 있었다고 말하였다.

프랑스는 그들의 브랜드 파워(brand power) 향상을 위해 made in(물질. 제조)보다는 made by(정신. 디자인)를 강조한다. made by에는 프랑스의 창의력과 노하우(know-how)가 담겨 있다는 것이다. 프랑스 기업위원회는 기업들이 자체 개발을 한 브랜드 가치를 재무제표에 표기를 함으로써 브랜드를 자산화하려는 움직임을 보이고 있다.

삼성그룹 이건희 회장은 "삼성제품의 경쟁력이 좋아진 것은 사실이나 세계 최고 제품에 비해 아직도 금형, 사용자 환경소프트웨어, 최종 마무리 등에서 뒤지고 있다"고 하였다. 재정경제부의 2006년 세입세출 결산보고서를 보면 주먹구구식이다.(조선일보, 2007.6.21. B2) 대충대충은 안 된다. 이러고서는 결코 21세기를 살아갈 수가 없다.

남에게 감동을 주려면 전문가적인 지식을 갖고 효과적인 소통을 할 수 있어야 하며 그 같은 소통은 결국 삶을 윤택하게 한다. 여기서 프로패셔널, 소통, 이타주의가 등장을 하게 된다. 프로패셔널은 경쟁력과 관계가 있고 소통과 이타주의는 나로 말미암은 남의 기쁨과 연결된다.

'녹슨 전차군단'을 '무적의 함대'로 바꾼 독일 축구감독 클린스만(Jurgen Klinsmann)은 명실상부한 프로패셔널이었다. 체력은 미국 전문가에게, 정보수집은 스위스 출신 전력분석가에게, 언론접촉과 일정조정은 매니저에게, 일상적인 전술훈련은 코치에게 위임을 하였다. 그 결과 2006년 월드컵을 독일이 거머쥐었다.

일본의 스즈키 이치로는 야구는 잘 하지만 이상한 말

을 자주하여 말썽을 일으켰다. 고어(전 미국 부통령. 노벨 평화상 수상)도 환경운동을 한다면서 한 달 전기 값이 100만원을 초과, 비난을 받은 적이 있다. 소통과 이타주의에 문제가 있었다. 반면 빌게이츠 같은 사람은 많은 돈을 벌면서도 자선사업에 쾌척을 함으로써 많은 사람들에게 감동을 주고 있다.

자크 아탈리는 "미래사회는 프롤레타리아(노동계급)가 지배하는 사회가 아니라 이타주의자들이 지배하는 사회가 될 것"이라고 하였다. 마르크스의 예언처럼 사회주의가 자본주의를 대처하는 것이 아니라 자본주의의 보편화 이후 찾아올 그 무엇이 이타주의라는 것이다. 전문가들은 50년 이후 쯤 올 그 같은 사회는 NGO, 예술가, 과학자(특히 뇌과학자)들로 구성된 엘리트 집단이 이끌게 될 것이라고 예견하고 있다.

찰스 다윈은 '종의 기원'에서 지구상에 마지막까지 남을 종은 가장 힘센 종도 아니고 가장 머리가 좋은 종도 아니며 환경변화에 가장 잘 적응하는 종이 될 것이라고 하였다. 세상은 변하고 있다. 우리도 변해야 산다.

## 2. 21세기 한국의 길

고인이 된 미래학자 허만 칸(Herman Kahn)은 70년대 초 '미래의 체험'이란 책을 통해 미래의 혁신적인 상품 100가지를 예측하였는데 이중 95가지를 맞힌 바 있다. 그의 21세기 예측 중에는 서구 자본주의의 몰락과 유교적 자본주의(neo-confucianism)의 도래가 있다. '신경제의 좌표'인 유교자본주의는 가족과 향토의 대가족 개념, 정부와 기업 간의 밀접한 관계, 신뢰와 예의에 바탕을 둔 사회, 윤리를 중시하는 집단적인 국가의식, 교육 중시, 저축습관, 유교문화의 강한 동질감 등을 그 특징으로 할 것이라고 내다보았다.

20세기의 트렌드를 지식, 서비스 사회, 글로벌 경제, 네트워크 사회로 정확히 예측하였던 나이츠비츠(John Naisbitts)는 21세기 주요 트렌드로 감성(feeling), 가상(fiction), 여성(female) 등 3F를 들었다. '미래의 물결'을 쓴 자크 아탈리(Jacques Attali)는 디지털 노마드와 가상현실 그리고 네트워크 등 여러 가지를 짜 맞춘 레고문명(civil lego)이 21세기의 키워드가 될 것이라고 예견하였다. 그는 디지털 노마드 시대에 한국인은 호모 노마드(homo nomad)가 되어 11대 세계 강국이 될 것이라는 희망의 메시지를 주었다. 그 근거는 한민족의 기마민족성과 농경민족성을 들면서 성을 쌓는 자보다 움직이는 자가 역사를 만들기 때문에 결국은 기마민족적인 노마드 성격이 견인차 역할을 한다는 것이다.

인간LG경제원이 국회에 제출한 '2010년 한국의 트렌드'에 의하면 국내 자산의 월경 빈번, 중국의 부상, 나 자신의 중요성 부각, 이성보다는 감성, 패션의 시대, 시간 가치의 증대, 50대 이상의 힘 증대, 디지털족의 증대, 유비티즌(ubiquitous+citizen)의 시대 도래 등(10대 트렌드) 이 있다.

20세기에 보편화된 디지털은 21세기 들어 새로운 을 창조하고 있다. 20세기만 해도 사람들은 지식이나 정보를 기초로 하여 믿음을 가졌지만, 21세기 들어서는 이미지가 지식이나 정보의 자리를 차지하게 되었다. 인식의 대전환(paradigm shift)이 생긴 것이다.

21세기 문턱에서 우리는 아직도 20세기의 담장을 뛰어넘지 못하고 있다. 좌우의 이념 대립은 서구에서 시작이 되었는데도 불구하고 그 충돌이 가장 심한 곳은 한반도가 되었다. 남북의 갈등은 급기야 남남의 갈등으로 바뀌어 상호불신의 시대를 살아가고 있다. 냉전의 시대가 갔는데도 우리는 또 다른 냉전의 시대를 살고 있다.

민주주의는 대중인기영합주의(populism)에 희생이 되었고 시장경제는 잘못된 정책 때문에 양극화가 심화되고 있다. 인류 역사를 24시간으로 본다면 시장경제는 3분 정도에 불과하다. 나머지는 공동생산과 분배의 공산주의였다.(공병호, 10년 후 한국) 20세기 전반에서 공산주의나 사회주의 사상이 대중을 사로잡았던 것은 배움이나 이성이 없이도 인간 본성에 가까이 다가갈 수 있는 체제가 공동생산과 공동분배였기 때문이다.

보통 사람들의 마음속에 화려하게 각인된 사회주의 정책들은 대중의 심금을 울리고 박수를 받을 수 있는 가능성이 컸다. 역사적으로 공산주의, 사회주의, 전체주의, 정부개입의 뿌리에는 제3의 현자가 있으며 그의 계획과 지시 그리고 명령에 따라 모든 문제를 해결하는 것이 더욱 효과적이라는 믿음이 있었다.

스피노자(Baruch de Spinoza)는 국가의 목적은 이성적인 존재인 인간을 동물이나 꼭두각시와 같은 존재로 만드는 것이 아니라 오히려 인간의 정신과 육체가 아무런 위협을 받지 않고 그 힘을 발휘하게 하고 자유롭게 자신의 이성을 사용하며 증오나 분노, 술책으로 말미암아 서로 싸우거나 적대시하지 않고 살 수 있도록 하는데 있다고 하였다. 따라서 국가의 진정한 목적은 자유다 라고 썼다. ('신학-정치학 논고'에서) 정치가(권력)들이 사령탑을 점령한 뒤 명령 전문가들이 되어 모든 시민을 복종 전문가로 만들려고 하면 그 나라는 망조다. 왜냐하면 명령 전문가들은 모든 것을 자신들의 이익에만 맞게 해석을 하여 명령을 내리기 때문이다.

21세기 한국이 가야할 길은 명령 전문가가 아닌 비전과 창의력을 가진 리더와 이타주의적인 국민이 한 덩어리가 된 공동체 형성에 있다.

## 3. 제 3의 길

정치가 배라면 경제는 바다라고 할 수 있다. 정치가 의식의 반영이라면 경제는 물질의 반영이라 할 수 있다. 인간은 정치적이면서도 경제적인 동물이다. 잠시라도 정치와 경제를 떠나서는 살 수 없는 존재다. 인간이 존재함에 있어서 가장 이상적인 제도가 어떤 것이냐에 대해서는 이미 앞에서 살펴보았다. 자본주의 시장경제 체제는 자유와 창의(경쟁)가 있어 좋지만 분배와 평등에 문제가 있고 사회주의에는 휴머니즘을 앞세운 분배와 평등이 있지만 자유와 창의가 배제되어 있다.

주장이 극렬하면 언쟁이 되고 언쟁이 넘치면 싸움이 된다. 20세기 두 차례의 세계대전은 바로 그 같은 보기였다. 20세기 말 냉전의 한 축이었던 사회주의는 사망을 하였다. 그러나 사회주의의 이상이 사라진 것은 아니다. 지금 우리 사회는 사회주의의 이상을 꿈꾸는 좌파와 그것을 불식시켜야 한다는 우파의 주장이 비등점을 향해 줄달음질을 하고 있다. 아마도 이번 대통령 선거가 변곡점이 될 것이다.

우리는 무지개 빛깔이 7가지라고 한다. 그러나 아프리카에서는 3가지 또는 5가지 색깔이라고 하는 나라도 있다. 빛의 3

원색 하면 빨강 파랑 노랑을 들지만 세 색깔 사이의 경계색이 얼마나 많은가는 분광실험을 해보면 알 수가 있다. 이념도 마찬가지다. 좌우만 있는 것은 아니다.

김지하씨는 중도 또는 중도주의를 주창한다. 좌우 극단으로 치우치지 않으면서, 그렇다고 가운데 길도 아닌, 그 전체를 함께 싸안고 들어 올려 차원 자체를 변화시키는 융합과 초월의 길을 중도주의라고 불렀다. 중도는 본래 한 개인 차원의 변화 즉 깨달음이나 한 문명의 대전환 즉 창조적인 시대정신으로 말미암아 등장을 한다고 보았다.

밖으로는 구한말과 흡사한 4강의 각축과 착종(錯綜)이, 안으로는 남북, 좌우, 빈부, 영호남, 기업과 노조, 청년과 노인, 디지털과 아날로그, 갈등과 대결이 노골화 되고 있다. 혼돈이다. 혼돈에 대한 처방은 혼돈에 빠져들어 가면서도 혼돈에서 빠져나오는 혼돈 그 나름의 질서다. 그 질서에 최소한 가장 가까이 접근을 할 수 있는 것이 중도다. 지금 우리는 대비약(天時), 동아시아 허브(地利), 붉은 악마와 한류 그리고 디지털 신세대 대거 등장(人和) 등 어느 누구도 막을 수 없는 무가내(無可奈)를 맞고 있다는 것이 김씨의 주장이다.

황석영씨는 좌우의 중심이 아닌 핵심을 찌르는 것이 중도라고 하였다. 사회나 생명체 모두 둥근 모양인데 그 핵심을 찌르는 것이 중도라는 것이다. 중도 또는 중용의 가치는 정확성이며 여러 사람이 모여 둥근 공 같은 세계를 만든다고 하였다. 각자 최선의 중지를 모으면 중도가 가능하다는 것이다. 중도는 실패하거나 맹목적인 수구 좌파들이 은신하는 중간 지대가 아니라고 하였다.

그는 세상이 극단으로 치달으면 중립도 흔들린다. 기회주의자나 회색분자로 매도되거나 침묵을 강요당한다. 중도의 힘은 상식에 있고 균형 감각이 있는 책임감에 있다. 그것은 도덕적인 의무이다. 혁명이 아닌 개혁이란 보수의 수를 늘려가는 것이다. 중도적인 사람이 많아져야 과거의 상처를 치유하고 선진적인 미래로 갈 수가 있다고 하였다.

스미스(Adam Smith)는 시장경제 발전을 통하여 유토피아를 건설할 수 있음을, 마르크스는 사회주의 혁명을 통해 지상낙원을 만들 수 있음을 갈파하였다. 그러나 두 사람 모두 허망한 꿈을 꾸었다. 자유방임주의자들은 시장의 자기조절 기능을 과대평가하였으며 사회주의자들은 인간의 계획능력을 과신하였기 때문이다.

지금 우리가 겪고 있는 좌우 이념논쟁은 한국의 현대사 해석에 관한 논쟁이다. 대한민국의 정체성에 대한 동의가 있어야 하는데 그 공동분모를 찾지 못하고 편싸움만 하고 있다. 좌우만이 정도는 아니다. 제 3의 길도 있다. 이성의 힘으로 그 길을 찾아가야 한다.

네가 옳고 내가 그를 수도 있다는 사실을 깨닫는 것이 이성의 힘이다. 중국의 문화혁명은 인간이 이성을 잃으면 짐승이 될 수도 있다는 것을 보여주었다. 편을 갈라 증오심을 부추기는 것은 짐승들이나 하는 짓이다. 좌우 한 길만이 유일한 길은 아니다.

## 4. 민족주의

2002년 6월13일 경기도 양주에서 훈련 중이던 미군 장갑차가 미선양과 효순양을 치어 숨지게 하는 불상사가 있었다. 수백 개의 시민단체가 모여 범국민대책본부를 만들었다. 반미 시위가 조직적으로 시작되었다. 촛불을 든 수만 명의 시민들이 서울 도심에 모였다. '미국 놈 몰아내자' '자주권 회복하자'는 등 갖가지 구호가 난무하였다. 때마침 다가온 대통령 선거와 맞물려 미선양과 효순양의 비극은 순식간에 반미와 자주로 변질돼 한-미 관계가 일촉즉발의 위기로 내달았다. 정치가 민족을 앞세워 민중을 흔들 때 그것이 얼마나 폭발력을 가진 것인지를 여실히 보여주었다. 그 해 대통령 선거에서 '민족'을 외쳤던 소위 진보진영(좌파)이 대권을 거머쥐었던 사실은 우리 모두가 익히 알고 있다.

2007년 6월 미국 버지니아 공대에서 총기사고가 발생, 32명이 희생되고 범인은 자살을 한 사건이 있었다. 이른바 '조승희 사건'이었다. 미국은 '그게 아니라'고 했는데도 노무현 대통령은 3번이나 애도를 표하겠다면서 조문사절까지 검토를 하였다. 미국은 '노승희 사건'이 일어났을 때 그 사건은 자신들의 교육과 사회 시스템에 문제가 있어서 일어난 사건이지 승희와 한국은 아무런 관계가 없다고 하였다. 그럼에도 불구하고 노무현 대통령과 이태식 주미 한국대사는 과분할 정도로 사과를 연발하였다. '필라델피아 인콰이어리'(Philadelphia Inquiery) 신문은 '한국인들이여 제발 그만 사과하라'는 사설까지 썼다. 미선-효순양의 경우와 대비가 되었다.

민족주의 연구의 대가 베네딕트 앤더슨(Benedict Anderson)은 민족이란 '상상의 공동체'라고 하였다. 고대로부터 내려오는 혈연적인 공동체가 아니라 근대 자본주의 과정에서 만들어진 것이라고 하였다. 민족은 소속감을 높이는데 긍정적인 기능을 하지만 정치적으로 악용을 하면 내외적으로 불행을 초래하게 된다.

한국의 민족주의는 일제 침략에 저항하는 과정에서 싹이 터서 일종의 신성불가침한 이념으로 자리를 잡았다. "우리 민족은 갑오개혁 후 봉건적인 신분질서가 무너진 뒤에 나타났으며 실제적으로는 3.1운동을 계기로 만들어지기 시작하였다." (조선일보, 2006.5.20. A 30, 시론, 박지향 서울대 교수)

우리 사회에서 민족주의가 맹위를 떨쳐온 이유는 식민지 경험과 분단이다. 식민지 문제는 한-일관계에서 아직도 휴화산이며, 분단은 인권 자유와 같은 인류보편적인 가치들이 민족보다 낮게 평가되어야만 할 이유가 무엇인가에 대한 논의와 갈등을 불러왔다. 진보 10년의 대북정책은 바로 그 같은 보기이다.

민족을 지고지선(至高至善)시 하는 민족주의는 인간의 사회성이 만들어낸 질병이다. 민족주의적인 사고방식은 외부의 함정에 맞서야 한다면서 내부를 선동하고, 우리는 특수하다고 대대적으로 나팔을 불어대는 정치적 술수에 불과하다. 민족주의가 민족을 만들어낸 것이지 그 반대는 결코 아니다.(에르네스트 겔너.Ernest Geller의 '민족주의와 현대')

1989년 '천안문 사태' 때 학생들의 시위를 지지하였다가 핍박을 받자 미국으로 망명을 하였던 중국의 양심적인 지식인 유재복(劉再復)은 "오늘 날 급진론자가 말하는 민족주의는 하나의 생존수단으로 그것의 요지는 대집단을 통해서 자아를 확대함으로써 자신의 비겁함과 비천함을 숨기는 것"이라고 말하였다. 비겁하고 비천할수록 더더욱 집단을 확대하려 한다는 것이다.

젊은이들의 우상 박진영씨의 말이다. "한국엔 민족주의로 먹고 사는 사람이 너무 많다. 한류가 '한국만세'가 되면 외국에서는 반 한류의 흐름이 일어난다. '비'의 중국 공연 때 중국옷에 쿵푸를 접목시켰더니 한국의 네티즌들이 들고 일어나더라. 대중문화조차 민족의 안경을 쓰고 보는 우리의 폐쇄성에 놀랐다. 한국적이 아니어도 좋아하는 것을 열심히 하면 세계적인 것이 될 수 있다. 인간적인 것이 세계적이다. 결국은 보편적인 인류애와 도덕이 최고의 가치이지 민족이 최고의 가치는 아니다."

## 5. 남이 본 우리

외국 여행을 가보면 세계 속의 한국을 실감할 수 있다. 길거리에서 만난 보통 사람들에게 '서울 코리아'하면 금방 아는 체를 한다. 터키 관광 때 현지인들은 한국을 형제의 나라라면서 대~한민국을 외쳤다. 베트남에서는 한국산 자동차 가전제품이 홍수를 이루고 있고 캄보디아엘 가면 숫제 갑부 취급을 한다.

그러나 세칭 선진국엘 가면 그렇지가 않다. 한국을 알긴 하지만 그렇게 높이 쳐주지는 않는다. 삼성과 LG 현대 등의 상표는 알지만 그것이 한국의 기업이라는 것을 아는 사람은 드물다. 한 나라의 이미지는 물질만이 아니라 정신(문화)까지 합쳐져서 외국인의 뇌리에 각인이 된다는 것을 실감하게 된다.

한국은 반세기만에 세계 13위의 경제대국이 되었다. 2차 대전 이후 독립을 한 나라로써 한국만큼 경제적인 급성장을 한 나라는 없다. 한국의 GDP(국내 총생산액)는 미국의 17분의 1, 일본의 6분의1, 중국의 3분의1이다.

과장된 예측이라는 지적이 있었지만 '세계 경제력 지도'(미국 미시건대학과 영국 셰필드대학의 공동연구팀 작성)에 따르면 한국은 2015년에 GDP가 세계 6위가 될 것이라는 전망도 나왔다. 여기에는 과거의 연 6-8% 경제성장률이 전제되어 있다.(조선일보, 2006.8.26. A18)

그러나 밝음보다는 어둠을 말하는 사람들도 있다. 세계적인 경영컨설턴트 스티븐 코비(Stephen R. Covey)가 본 한국은 이렇다.(조선일보, 2007.1.6. B3) 닫힌 문화, 불신, 권위주의, 톱 다운(top-down) 등의 문화가 시정되어야만 선진국 반열에 설 수 있으며 그러기 위해서는 누구든 나이에 상관없이 더 많이 배워야 한다고 말하였다. 아무리 컴퓨터 시대라고 하지만 계속 책을 읽고 많은 생각을 할 수가 있어야 한다고 하였다.

외국 기자가 서울 신촌에서 대학생을 붙잡고 대한민국을 한자로 써보라고 하였다. 韓(한)자를 車(차)자로 썼다. 太極旗(태극기)는 太를 犬(견)으로, 極은 아예 못 썼다. 제대로 쓰는 자는 아무도 없었다. 국정교과서마저 잘 못된 한자를 실었다. 大同江이 大洞江으로, 濁酒(탁주)가 獨酒(독주)로 되어 있다. 우리 사회 곳곳에는 눈 뜬 장님이 너무나 많다.

토플러(Alvin Toffler)는 한국이 더 발전을 하려면 교육제도를 확 바꾸라고 하였다. 지금의 교육제도는 공장의 시뮬레이션에 불과하다고 하였다. 기술은 발전을 하고 있는데 제도는 반대로 퇴보하는 것이 지식기반 사회의 문제점이라면서 한국도 예외가 아니라고 하였다. (2007.9.13, 여수엑스포 국제심포지엄 강연회, 신라호텔)

'일본 여자가 쓴 한국 여자 비판'은 보다 구체적이고 현실적이다. 한국 여자들은 공사를 구별하지 못한다. 공중전화를 붙잡고 잡담을 한다. 공중목욕탕에서 옆 사람 생각은 않고 물을 함부로 쫙 쫙 끼얹는다. 전철은 타고 내리는 것인지 그 반대인지 알 수가 없다. 전철에서 아이가 뛰어 놀아도 가만히 있고 발을 꼬고 앉아 남을 불편하게 한다. 처녀 때면 세상 제일 멋쟁이 같다가도 결혼을 해서 아줌마가 되면 제 멋 대로다. 아무데서나 먹고 마시며 떠든다. 돈이나 외모로 사람을 보고 인품이나 내면세계는 거들떠보지도 않는다. 군대 위문 TV프로그램을 보면 엄마만 보고 싶다고 하지 아버지는 없다. 교양이 없는 모권사회 같다.

BBK의 김경준씨와 이명박씨의 연루의혹이 우리를 슬프게 한다. 미국은 한국의 범죄인 인도요청에 따라 김씨를 한국으로 보낼 것인가 말 것인가를 재판하면서 우리보다 먼저 우리 속을 죄다 들여다보았다. 우리는 왁자지껄 뒷북을 치고 있다. 남들이 본 우리는 그 정도 수준일 뿐이다.

## 6. 석학들의 충고

쿠바 태생의 언론인이자 베스트셀러 작가인 카를로스 알베르토 몬타너는 '21세기만은 놓치지 말자'는 글에서 "사회정의를 부르짖는 공허한 외침으로 가난한 사람들을 영원한 가난으로 떨어뜨려버린 남미 해방신학자들의 과오에 대해서는 결코 침묵을 할 수 없다. 많이 배우고 많이 갖고 자식들을 훌륭하게 교육시킨 우리 사회의 기득권자들은 일반 사람들을 묶어 놓고 대대손손 자신들의 기득권을 이어 나간다 그렇게만 볼 수 있을까? 가난한 사람들의 가난을 같이 슬퍼하면서 그들에게 성공의 심리학 대신 실패의 심리학을 가르쳐 온 해방신학이 가난한 사람들에게 끼친 영향력은 파괴적이다. 그들은 성공한 사람들의 창의성, 근면, 저축은 일부러 못 본체 하였다"고 썼다.

세계 최고 갑부 빌게이츠는 창조적 자본주의(creative capitalism)로 세계에 만연하는 질병, 가난, 불평등을 없애자면서 다음과 같은 명연설을 하였다.(2007.6. 하버드대학서) "우리는 시장의 힘을 빈자를 위해 쓸 수 있다. 자유, 경쟁, 기술혁신을 근간으로 하는 시장경제를 유지하되 구체적으로는 생명공학과 개인용 컴퓨터, 인터넷으로 대변되는 이 시대의 혁신으로 가난을 없앨 수 있는데 그것이 바로 창조적 자본주의다. 지금까지의 기술혁신은 부유층의 전유물이었다. 진보가 아니었다. 아무리 좋은 치료제가 나와도 돈이 없어 못 사먹는다면 진보가 아니다. 정부는 각종 규제로 시장의 힘을 키우지 못하고 있고 일부 세력은 자본주의의 폐해를 빌미로 자본주의의 근간을 흔들어대고 있다. 반면에 기업가들은 시장의 힘을 창조적으로 사용하지 못하고 있다."

몬타너는 이념의 해악에 대해, 빌게이츠는 자본주의 시장경제의 부족함에 대해 걱정을 하고 있다. 정신과 물질이 조화를 이루지 못할 때 국가는 물론 세계가 불행하다는 것을 공통적으로 지적하고 있다. 참여정부의 출현은 한 편의 드라마였다. 그러나 이제 딜레마가 되었다. 세상은 미적분인데도 참여정부는 1차방정식으로 풀려고 하였고 엉성한 콘텐츠에 깃발만 화려하였다. 잔디 축구에서 돼지 오줌보 축구로 가버린 한국 축구의 복사판 같았다.

투플러의 말처럼 자신의 신념만을 주장하기보다는 자신의 신념에 대해 한 번쯤 의문을 가질 수 있는 유연성을 가져보자. "한국은 스스로 생각하는 것 이상으로 발전해 있다. 충분히 자부심을 가질만하다."던 러플린(전 KAIST총장, 1998년 노벨 물리학상 수상)의 말을 되새겨보자. 프랑스 석학 레이몽의 "정직하면서도 머리 좋은 사람은 좌파가 될 수 없다"는 말뜻도 되새김질을 해보자.

경제학자 사뮤엘슨(Paul Anthony Samuelson)은 "경제는 민감한 10대 소녀 같아서 자칫하면 얼굴을 붉히고 도망을 간다. 정부가 기업을 육성하기보다는 견제를 하면 대기업은 국내 투자를 않고 중소기업은 포기 아니면 해외로 나간다"고 하였다. 해외 경제 전문가들의 한국 경제 진단도 밝지가 않다. 이대로 가다가는 10년 뒤 한국은 늙은 호랑이가 될지도 모른다는 우려의 소리다.(조선일보, 2006.9.1. A3)

국내 논평은 더 매섭다. 지명관씨(2003년 대통령 취임사 준비위원장)는 "국민이 대통령제에 대해 회의를 갖게 된 것이 노대통령의 최대 공헌"이라고 하였다. 노 대통령의 자가당착을 따끔하게 지적한 것 같다.(동아일보, 2007.2.24. 1) 최장집 교수는 "체계적인 비전을 가진 정치세력이 아니었으며 국민으로부터 사실상 탄핵을 받은 것"이라고 하였다.(경향신문, 2006.9.28 인터뷰) 박경리씨는 "시골에 살면 서울이 더 잘 보인다. 마음이 바로 서면 세상이 훤히 보이는데 마음이 비뚤어지니깐 세상이 잘 안 보이는 것"이라고 하였다.

좌회전 불 켜고 우회전 했던 세월, 발광체이기보다는 반사체였던 정부, 이성적이기보다는 감정적이었던 사람들-그들은 결국 이념(정신) 때문에 민생(경제, 물질)을 등한시하여 백성들에게 빚만 남겨놓았다. 그러나 태양은 다시 뜬다. 석학들의 충고를 감계로 삼아 심기일전하자.

## 7. 신토불이

'우리 것은 좋은 것이여'라는 광고가 있었다. 신토불이(身土不二)를 말 함이었다. 신토불이 속에는 온고지신(溫故知新)과 법고창신(法古創新)이 들어있다. 하늘 아래 새로운 것은 없다. 하늘 아래란 대우주 자연을 말한다. 인간은 자연 속의 일부이다. 이미 존재하는 자연 속에서 그 무엇을 알아내면 우리는 그것을 흔히 발견 또는 발명이라 불렀다.

1200여 년 전에 만들어진 에밀레종 소리를 현대과학이 흉내를 낼 수가 없다고 한다. 22톤이나 되는 종의 무게를 지탱하고 있는 지름 8.5cm의 종 고리 하나를 이 시대의 기술로 만들지 못 한다는 사실을 안다면 조상의 슬기에 대한 생각이 달라질 것이다.

방짜(구리와 주석의 합금)로 만든 징과 꽹과리에는 맥놀이 현상이 있다. 두 음파가 서로 간섭을 일으켜 진폭이 커졌다 작아졌다 한다. 소리가 은은하고 멀리 간다. 서양의 종처럼 주물로 찍어낸 것은 음의 파장이 직선으로 곧게 뻗어 나아가지만 방짜 징에서는 희한하게도 맥놀이 현상이 일어난다. 에밀레종에서도 맥놀이 현상이 일어난다.

11세기 말 고려시대의 청자 운반선 닻줄은 칡으로 만든 끈이었다. 1000년 세월을 바닷물 속에서 끄떡없이 견뎌냈다.(2004년 5월18일 전북 군산 앞 바다에서 인양한 배에서 확인) 750여 년 된 8만 대장경판은 썩지를 않았고 벌레도 먹지를 않았다. 산벚나무를 3년간이나 바다 물속에 담가 진을 뺀 뒤 다시 소금물에 넣고 삶았다. 그런 뒤 그늘에서 말렸다. 5,200만 여 자를 일배일자(一拜一字)로 새겼다. 조상들의 노하우와 인내, 끈기 그리고 공력(功力)의 소산이었다.

태껸은 우리 고유의 무술이다. 굼실굼실(무릎을 폈다 구부렸다), 능청능청(몸을 버드나무처럼 폈다 휘었다), 우쭐우쭐(몸을 좌우로), 으쓱으쓱(어깨를 들췄다 놓았다), 겅중겅중(탈춤을 추듯)대는 태껸은 무술인 동시에 춤이며 한민족의 얼이 담긴 DNA이다. 부드러우면서도 날카롭고 날카로우면서도 유연하다.

고려시대의 대행사였던 팔관회에 불교와 다양한 토속종교가 어울렸음은 우리의 영혼 속에 창조적인 공존의식이 살아있음을 말해준다. 한국 불교의 핵심사상 가운데 하나인 화쟁사상(和諍思想.서로 다른 사상을 조화시키는 것)은 우리의 DNA를 채로 걸러 만들어 낸 고차원적인 사상이었다.

한강은 여러 산과 계곡에서 흘러든 물이 어우러지지만 그 복판의 줄기를 이루는 것은 우통수(于筒水)였다. 이 통물 줄기는 한강으로 스며드는 온갖 물줄기 속에서도 푸른

빛깔과 맛을 잃지 않는 조선 제일의 명수라 하여 다른 물보다 세 배나 비쌌다. 자기를 잃지 않으면서도 다른 여러 흐름을 배척하지 않고 장대한 한강의 중심을 이루기에 선인들은 이를 일러 강심수(江心水)라 우러러 왔다.

겸재(謙齋) 정선(鄭敾)의 그림은 이 나라 산천경개를 발이 부르트도록 돌아다니며 눈이 시리도록 보고 또 보며 그린 것이다. 우리는 그를 흔히 진경산수의 대가라 부른다. 한때 '겨울연가'가 일본 여성을 죽여줬다. 주인공이 보여준 타인에 대한 성실한 태도와 시적인 대사(이야기)는 일본 드라마에서는 볼 수 없었던 우리만의 이야기였다. '아리랑'은 곱고 그리운 님 이라는 뜻이다.(신용하) 우리의 혼속에는 고운 것, 그리운 것에 대한 열정이 있다.

지금 우리는 옛 것의 위대함을 너무 많이 잊고 산다. 한국 근대사를 40여 년이나 연구한 도이힐러 런던대학 교수는 "과거 전통을 뒤로하고 너무 앞으로만 달려간다"고 말하였다. 공동체를 중시하고 물질에 집착하지 않았던 조선시대 사람들의 지혜는 한국사회가 안고 있는 많은 문제들을 푸는데 도움이 될 것이라고 말하였다. 2002년 한-일 월드컵 때 이태리 신문 '일 메사제로' 대기자 피에로 메이는 "일본은 월드컵을 치렀을 뿐이고 한국은 주인으로써 지극정성 손님을 맞았다"고 하였다. 우리의 영혼 속에는 남다른 훌륭함이 많이 녹아 있다. 신토불이-우리의 것은 좋은 것이다. 좋은 것을 살려 세계만방에 떨쳐보자.

## 8. 한류

한국의 문화가 세계인의 이목을 끌고 있다. 이른바 한류 때문이다. '욘사마'가 가는 곳엔 일본 중년 부인들이 줄을 잇고 중국에서는 한국의 드라마가 짱이다. 동남아, 중동, 중앙아시아 등 곳곳에서 한국의 영화 음악, 음식 등이 인기다. 가슴이 뿌듯하고 기분이 좋다.

한류(韓流)란 한국적인 흐름을 말한다. 류(流)란 막히고 멈추고, 다시 차면 흐르고, 텅 비면 스며들고, 넘치면 부서뜨릴 듯 흐르지만 언제나 있는 그대로의 것들을 인정하면서 가장 낮은 곳으로 돌아가는 지혜다.(공지영) 한류는 내가 어디서 와서 어디로 가는 것인지를 생각나게 하는 인문적인 것이며 권력이 덜 설치고 돈이 덜 까불게 하는 문화적인 것이다.

일본 여성들이 한류에 열광했던 이유는 영화 '겨울연가'에서 '욘사마'(배용준)가 가족, 사랑, 애국 등 보통 사람들의 인간적인 모습을 너무나도 사실적으로 보여주었기 때문이다. 중국인들이 대장금, 굳세어라 금순아 등 한국 드라마를 좋아하는 이유도 아름다운 화면, 감동적인 음악, 패션 감각이 뛰어난 인물, 재치와 유머가 넘치는 대사 그리고 무엇인가를 깨닫게 하는 깊은 뜻이 있기 때문이었다.(닝푸이 주

한 중국 대사의 말)

세계적인 첼리스트 장한나양은 황병기 선생의 가야금 독주를 듣고 충격을 받았다고 한다. 마치 쇼스타코비치를 처음 들었을 때와 같은 충격을 받았다고 하였다. "시간과 공간을 초월한 듯한 상태였다. 우리 국악에서만 가능한 흐르면서도 정지된, 그리고 서 있으면서도 끊임없이 움직이고 있는 그런 상태다. 그래서 외국인들은 놀라고 감탄한다." 소설가 공지영씨와 똑같은 말이다.

한류는 한 두 사람이 만든 것이 아니고 한국인 모두가 공동제작을 한 것이다. 우리의 성정 속에는 인류 문화의 보편성이 진하게 녹아있다. 단군의 홍익인간이 바로 그 같은 보편성의 원류라 할 수 있다. 예부터 우리는 남에게 많은 감동을 주었다. 1600여 년 전 백제의 왕인박사는 일본에 천자문, 도자기, 직조기술 등을 전하였다. 일본 고대문화인 아스카 뮤화의 비조 역할을 하였다. 기네스북에 오른 '기적의 배' 선원이었던 로버트 머니는 "끊임없는 죽음의 공포와 두려움 앞에서도 전혀 동요치 않고 고통을 감수한 한국인들의 놀라운 용기에 감동을 하였다"고 하였다.(조선일보, 2006.2.24. A9) '기적의 배'란 1950년 12월12일 흥남부두에서 피난민 14,000여 명을 싣고 가까스로 탈출한 상선 메러디스 빅토리아 호를 말한다.

요즘 한류가 주춤하다. 우려의 목소리도 들려온다. 박진영씨(음반 기획자)는 "한류의 앞날이 회의적이다"고 하였다. 획일적인 교육 때문에 기대할 것이 없다고도 하였다. 보다 더 혹독한 비판도 있다. "한류란 존재한 적이 없다. 한국에 특별한 그 무엇이 있었던 게 아니라 대중문화에서 세계화 개념을 제일 먼저 받아들인 것이 한국이었을 뿐이다. 아시아의 대중문화 창작자들이 지난 10년간 한국으로부터 배운 것을 따라 하기 시작하였으며 이제 성장과 발전이 없이 방심하면 사라질 위험에 놓이게 된다"(마크러셀 할리우드 리포트 기자의 말)고 하였다.

완전한 행위는 흔적이 없다. 화엄사 우화루 마당은 맨땅이다. 의지가 엿보이면 하품이다. 고려, 조선시대 건축은 우주만큼 넓고 깊었다. 큰 옥은 다듬지 않아도 그 바탕이 아름답다. 카이스트(KAIST)가 찾아낸 가장 이상적인 태교음악은 새소리, 물소리, 바람소리를 닮은 피리소리와 가야금 소리였다. 이 소리는 남의 소리가 아니라 이 땅의 소리이며 인류 보편의 소리이자 자연의 소리다. 한류는 우리의 것이면서도 세계인 모두의 마음을 움직일 수 있는 그 무슨 흐름(流)이라 할 수 있다.

## 9. 엑셀시어

영국의 헨리8세 왕비였던 앤(Anne)이 정숙하지 못했다는 이유로 누명을 쓰고 단두대의 이슬로 사라지기 전에 했던 말은 '5월이군요' 였다. 진(秦)나라 이사가 모함에 빠져 죽을 때 아들에게 한 말은 '함께 토끼사냥을 했던 즐거움' 그리고 '토사구팽'(兎死狗烹)이었다. 이백(李白)은 장진주(將進酒)에서 불군현(不君見.그대는 보지 못하는가. 네 스스로 별 것이 아님을 왜 모르는가)을 말 하였다. 인생은 평범한 것인데도 사람들은 뭐 대단한 것처럼 살다가 뒤늦게 평범함을 그리워하며 죽는다.

온 독일이 들썩거렸을 때도 독일 제1공영방송 ARD의 축구해설자였던 귄터 네처는 냉철하였다. 전설적인 미드필더였던 그는 '경기 끝난 뒤의 학살'(die Schlacht nach dem Spiel)이라고 불릴 만큼 냉정하고도 독설적인 해설로 유명하였다. 독일인들은 축구에 대해 말을 할 때면 귄터 네처가 그런데...라며 그를 인용하였다.

한국의 축구해설가 신문선이 2006 독일 월드컵 한국-스위스 전에서 한국선수에 대한 오프사이드 판정이 옳았다고 해설하자 맹목적인 애국주의자들이 방송국에 격렬한 항의를 하였다. 그 후 그는 서둘러 귀국을 해야만 하였다.

고인이 된 조남철 국수는 생전 승률이 50%를 조금 넘었다. 그러고도 최고였다. 최고라고 해서 완전무결할 수는 없다. 중간에서 조금만 넘어도 경지를 넘은 곳에서는 최고가 되는 것이다. 평범 속의 비범-말은 쉽지만 실천은 어렵다. 나는 바란다. 우리 사회가 보다 높은 곳을 향하여 힘찬 발돋움을 하기를. Excellsior....

나는 소망합니다. 내가 모든 이들에게 꼭 필요한 존재가 되기를

나는 소망합니다. 한 사람의 죽음을 볼 때 내가 더욱 작아질 수 있기를

그러나 나 자신의 죽음이 두려워 삶의 기쁨이 작아지는 일이 없기를

나는 소망합니다. 내 마음에 드는 사람들에 대한 사랑 때문에

마음에 들지 않는 사람들에 대한 사랑이 줄어들지 않기를

나는 소망합니다. 다른 이가 내게 주는 사랑이

내가 그에게 주는 사랑의 척도가 되지 않기를

나는 소망합니다. 내가 언제나 남들에게 용서를 구하며 살기를

그러나 그들의 삶에는 내 용서를 구할만한 일이 없기를

나는 소망합니다. 언제나 나의 관계를 인식하며 살기를

그러나 내 스스로 그런 한계를 만들지 않기를

나는 소망합니다. 모든 사람이 언제나 소망을 품고 살기를.

(헨리 나우엔의 '나는 소망합니다'에서)

내가 80여 년간 살아본 결과 인생이란 위로 먹고 아래로 싸는 것이더라.

한 가닥 구름이 이는 것이 태어남이요 사라지는 것이 죽음이더라.

인간은 모두 자기 그릇의 크기를 알아야 한다. 그 크기에 맞는 짓을 해야 한다.

무리를 할 때 불행을 느낀다. 그릇이 작은데 엄청난 돈을 안기면 다 쏟아진다.

기초가 되어있지 않는데 높이 올라가면 떨어진다.

남을 사랑할 줄 모르는 사람들은 기쁨을 맛볼 기회가 적다.

비록 가난하고 헐벗은 처지라도 마음이 훌륭하고 편안하면 그것이 행복이더라.

(한운사)

# VI. 그래도 못다 한 말

## 1. 아 대한민국

BC 1세기 로마군에 의해 예루살렘이 함락되자 이스라엘 유민 1,000여 명이 사해 근처 마사다 요새로 들어가 15,000여 로마군에 7년간이나 항거하였다. 투항하여 노예가 되느냐, 죽어서 자유인이 되느냐의 기로에서 지도자 벤 야이르가 나섰다. "우리 손이 자유로울 때 명예로운 죽음을 택하자." 그리고선 처자들을 죽였다. 마지막 남은 자가 요새를 불사르고 자결을 하였다. 마사다는 민족의 성지가 되었다.

1995년 여름 보스니아 전쟁 때 미군 조종사 오글 래디 대위는 적의 대공포에 맞아 적진에 떨어졌다. 6일간 이슬과 개미로 연명을 하면서 조국은 결코 나를 버리지 않을 것이라고 확신을 하며 성조기를 가슴 속 깊이 간직한 채 미국 국가를 수백 번도 넘게 불렀다. 결국 특공대가 구출, 조국의 품에 안겼다.

히딩크는 고집쟁이 애국자 백기완을 불러 선수들에게 좋은 말을 해달라고 부탁을 하였다. 백기완은 "유럽은 썩었다 돈 밖에 모른다. 우리는 이번 월드컵(2002년)에서 맺힌 한을 내질러야 한다. 그것이 여러분들이 할 일이다"고 힘주어 말했다. 태극 전사들은 백씨의 말에 분기탱천하였다. 한국은 4등을 하였다. 히딩크가 한국을 떠나던 날 한복의 백씨와 벽안의 히딩크는 서로를 부둥켜안고 떨어질 줄을 몰랐다.

1945년 4월 25일, 이탈리아의 독재자 무솔리니는 정부 클라라 페타치와 함께 밀라노를 탈출, 스위스로 도망을 가려다가 파르티잔에 붙잡혔다. 살려만 준다면 제국을 주겠다고 목숨을 구걸했지만 27일 총살형을 당했다. 이틀 뒤 히틀러도 애인 에바 브라운과 함께 권총으로 자살을 하였다.

DJ 때 국세청장과 건교부 장관을 지냈던 안정남씨는 태극기와 애국가에 대한 사랑이 남달랐다. 그러던 그가 부동산 투기의혹 때문에 수사를 받게 되자 신병을 치료한다며 해외로 야반도주를 하였다. 한국에서 성조기가 불타고 찢기자 눈물을 흘리며 인터뷰를 한 바 있던 전 주한 미8군 사령관 찰스 갬블과 오버랩이 되었다.

마사다의 수호자들처럼 앞 선 사람들이 분명하면 후손 또한 선명하다. 오늘의 이스라엘을 보라. 무솔리니와 히틀러처럼 나라를 사물화하면 백성들이 고통을 당한다. 국가에 대한 열정이 불기둥처럼 치솟을 때 기적은 곳곳에서 일어난다. 나라의 가는 길이 바르지 않으면 슬퍼하고 분노해야 한다. 희랍의 정치가 이소크라테스는 일찍이 슬퍼하거나 분노할 줄을 모르면 애국자가 아니다 라고 말하지 않았던가.

가진 돈이 29만원 밖에 없다고 했던 전두환씨가 대통령을 하고 있던 1983년, 가수 정수라는 '아 대한민국'을 노래하였다. 그 때의 대한민국은 숨 막히는 나라였다.

"하늘엔 조각구름 떠있고
강물엔 유람선이 떠있고 .....
도시는 농촌으로 향하고 농촌은 도시로 이어져
우리의 모든 꿈은 끝없이 세계로 뻗어 가는 곳...
이렇게 우린 은혜로운 이 땅을 위해
이렇게 우린 이 강산을 노래 부르네
아 우리 대한민국 '아 우리 조국......"

그로부터 7년 뒤 가수 정태춘 역시 '아 대한민국'을 노래하였다. 제목은 같았어도 노랫말은 달랐다. 그때의 대한민국은 명색이 문민의 나라였다.

"여기 우리 함께 살고 있지 않나 사랑과 숨결이 넘쳐 흐르는 이 땅
새악시 하나 얻지 못해 농약을 마시는 참담한 농촌의 총각들은 말고 .....
식민독재와 맞서 싸우다가 감옥에 갔거나 어디론가 사라져간 사람들은 말고
하루아침에 위대한 배신의 칼 휘두르는 저 민주의 인사와 함께 ........
아 대한민국 아 우리의 공화국"

그 후 세월이 또 흘러 국민의 정부에서 참여정부까지 왔다. 그러나 대한민국은 뒤뚱거리고 있다. 아 대한민국 아 우리의 공화국 ....지금 우리는 어디로 가고 있는가.

## 2. 대통령이란 자리

한 나라를 대표하는 사람은 대통령이다. 대통령이 대통령다울 때 나라가 산다. 대통령이 되기 전엔 하나같이 '모두를 위한 하나'가 되겠다고 골백번 다짐을 하지만 정작 대통령이 되고 나면 국민을 '하나를 위한 모두' 취급을 한다. 초심은 뒷전이고 욕심만 앞세운다. 그래서 스스로 만인지상이요 안하무인이 된다.

"망사로 된 안대를 쓰다가 황금 안대를 쓰니까 심리상태도 변하더라"던 탤런트 김영철씨(TV드라마 '태조 왕건'에서 궁예 역을 맡았음)의 말이 생각난다. "잘 하려 들지 말고 못하지 않도록 노력을 하였다"던 국수 이창호 9단의 말도, "나쁜 사람은 나뿐인 사람들"(오만. 독재)이라고 재단하였던 이외수씨(소설가) 말도 기억에 새롭다.

대통령이란 자리는 스스로 죽어야만 나라도 살고 자신도 오래 살 수가 있었건만 그러하질 못했다. 시인 조태일씨는 '종철에게'라는 짧은 시에서 "책상을 손바닥으로 탁 치니까 억하고 쓰러져 숨졌다? 종철아 네가 모른다고 책상을 탁 치니까 아저씨께선 억하고 쓰러져 운명하시고 너는 이렇게 살았느냐?"고 썼다.

권력과 권능을 혼동해선 안 된다. 권력은 단지 인간에

대한 외적 지배이지만 권능은 인간에 대한 내적 지배다. 내적 지배를 하려면 리더십이 있어야 한다. 리더십은 헤드쉽과는 다르다. 리더십은 정신에서 나오지만 헤드쉽은 물질에서 나온다. 대통령은 리더가 되어야지 헤더가 되어서는 안 된다. 리더는 앞에서 이끌면서 국민에게 꿈과 희망을 준다. 헤더(보스)는 남의 말을 듣지 않고 사냥개를 몰듯 뒤에서 휘몰아친다.

리더는 역경지수(역경 극복능력.adversity quotient)가 높은 사람이다. 그래서 IQ(지능지수), EQ(감성지수), MQ(도덕지수), CQ(창의력 지수) 등 Q의 칵테일로 사람들을 즐겁게 하고 믿음을 준다. 헤더는 Q의 칵테일 대신 먹잇감으로 상대를 꾄다.

대통령은 파파기아니스트여야 한다. "증거의 부재는 부재의 증거가 되지 않는다"는 법칙을 파파기아니스트의 법칙이라고 한다. 바람 안개구름이 손에 잡히지 않는다고 해서, UFO 파편이 없다고 해서 그것들이 실재하지 않는다고 볼 수는 없다는 것이다. 대통령은 무한책임자여서 뭐든 잘못되면 '과인의 부덕의 소치'가 될 수밖에 없는 존재다.

권력은 양파 같아서 벗길수록 남는 게 없다. 그 속에 뭔가 있을 것 같지만 실제는 없다. 없는데도 있는 것 같은 신기루에 홀려 제 정신을 잃고 마는 사람들이 바보 같은 권력자들이다. 권력자들은 말도 안 되는 이념의 깃발을 들고 나를 따르라고 하지만 삶이 이념에 얽매일 때 백성은 고달팠고 나라는 불행하였다.

아테네 민주정치의 완성자 페리클레스는 통치자가 잊지 말아야 할 세 가지 사항으로 국민, 바르고 훌륭한 정치, 영원히 머무를 수 없는 자리를 들었다. 역대 대통령들은 잘난 체하다가 쫓겨났거나 비명횡사를 하였으며 영화가 끝난 뒤 자식과 일가친척의 비리와 부정으로 수모를 당했다. 영원이 아닌 자리를 영원으로 착각을 하였다. 셈엔 가감승제(加減乘除)가 있는데 저들은 가감에만 눈을 팔고 승제에는 색맹이었다.

미당 서정주의 시 '꽃'이 생각난다. 꽃이 필 때는 아름답지만 질 때는 서글프다. 활짝 피지도 못하고 지는 꽃이야 더 말해 무엇하랴. 대통령이란 자리는 이 꽃과도 같다.

"내가 그의 이름을 불러주기 전에는
그는 다만 하나의 몸짓에 지나지 않았다.
내가 그의 이름을 불러주었을 때
그는 나에게로 와서 꽃이 되었다……
너는 나에게 나는 너에게
잊혀지지 않는 하나의 눈짓이 되고 싶다."

### 3. 메꼬네쌍스

'사쿠라 지다 젊음도 지다'는 책을 쓴 오오누끼 에미꼬는 "사쿠라가 질 때는 희생을, 사쿠라가 필 때는 환희를 의미한다고 하였다. 하나의 사쿠라(상징)를 두고 죽음과 삶을 동시에 말하였는데 이같이 어떤 말을 하면서 서로 어긋나는 것을 메꼬네쌍스(meconnaissance)라고 한다"고 하였다. 프랑스어인 메꼬네쌍스를 영어로 하면 오독(misreading), 오인(misrecognition), 불통(miscommucation) 쯤에 해당된다.

노무현 대통령과 그에게서 학습을 받은 것 같은 사람들의 말을 들으면 에미꼬의 메꼬네쌍스 개념이 자꾸 떠오른다. 나뿐만이 아니라 다른 사람들의 생각도 비슷한 것 같다. "대통령의 언어에는 품위와 품격이 필요하다. 들녘 언어를 구사한다는 점에서 우리는 미증유의 대통령을 경험하고 있다."는 고은씨의 말이 그렇고, "대통령을 조롱하는 것이 국민적인 스포츠가 되어버렸다"는 유시민씨의 말이 그렇다. 대통령 스스로도 "말씨와 자세에서 대통령 할 준비가 안 되어 있었다"고 고백을 한 바 있다.

"나로서 비롯된 일이 너무 많았다"(2004.12.28, 출입기자와의 송년 만찬에서)고 했다가 "내가 크게 잘못한 것 없다"(2007.10)고 한 입 두 말을 하였다. "그냥 조져요 죽겠어 정말"처럼 대통령 입에서 나오는 속어는 보디 페인팅(body painting) 행위예술가를 보는 당혹감(박성희 이대교수)을 주기도 하였다. "참여정부 경제정책은 대체로 성공적이었다"(2007.1.23, 신년 특별연설)고 하였으나 국민 여론조사 결과는 75.2%가 동의하지 않았다.(동아일보, 2007.2.1. A6) "큰 수고했다"든가 "내가 싸움 건 것 비슷하게 됐는데"라는 말은 아무리 생각을 해봐도 문법에 맞지 않다.

노대통령의 말은 품위, 신의, 지식, 논리, 문법 등에서 문제투성이다. 공부를 제대로 하지 않은 학생들의 리포트를 보는 느낌이다. 바로 잡으려면 어디서부터 고쳐야 할지 난감하다. 제자들이 나를 보고 '빨간 연필'이라는 별명을 붙여주었는데 대통령 말에도 빨간 연필을 써야할 정도다. 무엇보다도 기호로서의 말(언어)에 대한 정확한 인식이 부족하다는 점에서 안타깝다.

기호는 기표(記表)와 기의(記意)의 합이다. 기표는 언어의 사전적인 의미이고 기의는 언어의 숨겨진 의미다. '나쁜 놈'이라는 말의 기표는 '좋지 않은 놈이지만, 기의는 '귀여운 녀석' 혹은 '좋은 녀석'이라는 의미를 동시에 갖고 있다. '나쁜 놈'이라는 말은 언제 어디서 어떻게 했느냐에 따라 그 의미가 달라질 수도 있는 것이다. 그와 같은 언어의 속성을 안다면 누구나 말을 하는데 있어서 보다 신중을 기할 것이다.

퇴임 두 달 전에 74세의 프랑스 대통령 시라크는 전국민이 보는 가운데 TV 앞에 섰다. 대통령 12년, 정치인생

40년을 정리하는 연설을 하였다. 그는 언제나 그러했듯이 프랑스어 교사처럼 또박또박 프랑스어를 구사하였다. 진지한 표정으로 프랑스 프랑스 국민을 되풀이 하였으며 모든 것이 국민의 덕이라고 하였다. 그는 12년 내내 그를 비판하였던 야당과 언론에 대해 탓을 하거나 비판을 하지 않았다. 그가 남긴 마지막 말은 "국민 여러분을 사랑하는 만큼 프랑스를 사랑합니다 프랑스 만세"였다.

미국의 역대 대통령 전기 작가들이 모여 만든 책이 있다. 제목은 '성품보다 중요한 것은 없다'(Character Above All)였다. 결론은 어떤 환경에서 태어나 어떻게 자랐으며 어떤 성품을 지녔느냐가 대통령의 인격 형성에 중요한 요소라고 하였다. 겉만 보거나 TV토론을 통한 선전선동에 혹해 대통령을 뽑으면 그것은 대통령 의자에 시한폭탄을 장치해 놓은 것과 같다고 하였다.

언어는 말하는 사람의 지식이나 생각 느낌 품위 등 모든 것을 말해준다. 공자는 시경(詩經)의 중요성을 이렇게 강조하였다. "너는 시를 배웠느냐. 사람이 시를 배우지 않으면 말을 할 수가 없다. 사대부가 말을 하려면 시를 배워야 하고 그러자면 시경을 공부해야 한다. 말이라는 것이 무조건 한다고 다 말이 아니고 과거 선인들이 남긴 고사나 수사를 배우고 상상력이나 운율을 갖추었을 때 말이 된다. 이래서 시경이다."

## 4. 불돌물꽝또노

이승만은 조국(肇國)의 대통령이었다. 풍찬노숙에서 몰락까지 12년(초대부터 3대까지)은 영욕의 세월이었다. 초대의 비극은 역사적인 반면교사가 되지 못하고 유전으로 전이되어 정통성 시비(역사 바로 세우기, 과거사 조사 등)을 낳게 되었다.

4.19혁명으로 민주당이 집권을 하고 윤보선씨가 4대 대통령이 되었다. 자유와 민주의 창일(漲溢)은 폭압적인 군의 개입을 초래하였다. 5.16쿠데타가 일어났다. 쿠데타 주역 박정희가 5대 대통령이 되었다. 그는 '불'이었다. 우리도 한 번 잘 살아보자는 불같은 외침 앞에 민주, 정의, 인권은 뒷전으로 밀려났다. 그로 말미암아 죽었거나 실종되었거나 병자가 된 사람들의 가족과 당사자들은 그를 불구대천의 원수로 여길 수밖에 없었다. 다른 사람들은 그를 민족중흥의 지도자로 추앙을 하였다. 5대부터 9대까지 18년간의 장기독재는 결국 김재규의 총격으로 막을 내렸다. 그의 유산은 정신이냐 물질이냐를 놓고 후세의 논쟁거리가 되었다.

10대 대통령 최규하씨는 박정희 유고에 따른 자동승계였다. 윤보선씨처럼 단명에 불과하였다. 11, 12대 전두환 대통령은 '강아지와 사자의 우화'를 연상케 하였다. 강아지에게 돌을 던지면 강아지는 대굴대굴 굴러가는 돌을 물지만, 사자에게 돌을 던지면 사자는 돌을 던진 사람을 문다. 그는 사형 선고를 받은 뒤 사면으로 풀려나 살았으되 죽은 대통령 신세가 되었다. 단 돈 29만원밖에 없다던 그는 남이야 어떠하든 궁궐 같은 집에서 살며 옛 부하들을 데리고 이리저리 잘도 돌아다녔다. 그는 '돌' 같았다.

13대 노태우 정권도 군사정권의 연장선상에 있었지만 1990년 1월2일 3당 통합선언 후 그의 정부는 '짬뽕'이 되었다. 군인과 민간인 산업화 세력과 민주화 세력이 합친 '한 지붕 세 가족'이 되었다. 주인인 노 대통령은 성격도 모질지 못한데다 세 가족을 거느리다 보니 '물'이 되었다.

14대 YS는 거칠 것 없는 '대도무문'(大道無門)이었다. 개혁과 사정은 쓰나미 급이어서 스스로 위태로울 지경이었다. 나날이 창상지변(滄桑之變)이었고 매일 일신우일신(日新又一新)이었다. 시중에는 사정을 너무나 세게 해서 애를 낳을 수 없게 되었다는 말까지 나왔다. 자신은 '국수'였지만 아들과 수하들은 진수성찬이었다. 제2의 6.25라 했던 IMF를 맞았다. 총성 없는 경제전쟁에서 대도무문은 맥없이 무너졌다. 그의 치적은 '꽝'이었다.

15대 DJ는 진정한 국민의 대통령으로 뽑혔다. 야당 당수가 처음으로 대통령이 되었다. 그래서 '국민의 정부'가 탄생을 했던 것이다. DJ는 박정희와 전두환 정권이 죽이려 했지만 불사조처럼 살아나 민주의 화신이 되었다. 남북의 물꼬를 터서 노벨 평화상을 탔고 IMF지원금을 조기 상환하였다. 그러나 전임자 못지않게 개혁과 사정을 했다지만 결과는 도루묵이었다. 갈등은 동서남북으로 확대되었고 IMF 악몽이 부메랑으로 되돌아왔다. 그래서 그 끝은 '또'였다.

16대 노무현 대통령의 노는 영어로 ROH다. 미국 정보기관 홈페이지에는 NO라고 되어 있었는데 청와대의 시정 요청에 따라 ROH로 바꾸었다. 노 대통령은 인터넷 세대와 386세대가 합작을 해서 만든 새로운 유형의 대통령이다. 기존의 것을 허물고 새 것을 만드는데 타의 추종을 불허한다. 형식적 권위를 없앤다면서 합리적인 권위까지 없애버렸다. 모든 일을 흑백 논리로 갈랐다. 말만 참여고 행동은 배척이었다. 배척을 당한 사람들은 제발 그러지 말라(no more)고 애원하다시피 하였다. 그러나 그는 'NO'였다.

군인정치 빼고 문민 이후를 말한다면 YS는 3당 통합을 언급하면서 '수'의 정치를 하였다. DJ는 '한의 정치'로 권좌에 올랐다고 말할 수 있다. 노무현 대통령은 과거의 정치인들에게서 볼 수 없었던 '혼의 정치'를 보았다. 그러나 수의 정치도, 한의 정치도, 혼의 정치도 모든 것의 합인 '합의 정치'를 넘지 못하였다.

## 5. 누구나와 아무나

참여정부는 누구나 할 수 있어도 아무나 해서는 안 된다는 것을 보여준 정부였으며 사전에도 없는 신조어를 많이 만들어 낸 정부였다. 실망스러웠던 정치상황, 불안한 고용상황 등을 빗대어 나온 말들이 많았다.(문화닷컴, 2007.10.9) 작은 정부 대신 큰 정부를 만들어(대한상의) 국민세금을 물 쓰듯 했다. 멀리 가려면 함께 가야 하는데도 빨리 가고 싶어 혼자서만 걸었던 정부였다. 녹은 주되 직은 주지 말라(이율곡)했는데 끼리끼리 녹과 직을 나눠 가진 저들만의 정부였다.

정치연극 '정말 부조리하군'이 나왔다. 이 연극은 서기 476년 서로마에서 온 기병대장이 도착하며 시작된다. 극중의 황제는 나라가 무너지는데 양계(養鷄)와 역사공부에만 열중이었다. TV해설자보다도 영향력이 없고 인터넷에 댓글이나 올리며 재정파탄에 우방국과의 관계는 악화되는데 북에 쌀과 시멘트를 퍼주는 사람과 닮았다. 연출가 이윤택 씨는 "연극인이라는 관점에서 현실에 대해 발언을 해야 할 필요를 느껴 이 연극을 연출했다"며 "개판의 시대에는 깽판의 미학으로 응전한다는 부조리극이 등장한다"고 하였다.

참여정부는 카고 컬트(cargo cult)적 이었다. 남태평양

미개인들이 선진문명을 답습한다면서 형식만 그럴듯하게 꾸미고 내용은 텅 빈 채로 소망을 꿈꾸는 모습을 그렇게 불렀다. 관제탑 같은 원두막, 긴 활주로 같은 모래사장만 있으면 비행기가 내려앉아 맛있는 통조림이나 멋있는 신발을 갖다 주는 것으로 알았다.

대통령이 "잃어버린 10년을 말하는 사람이 있는데 잃어버린 것 있으면 신고하라 찾아드리겠다"고 하자 한나라당이 "신고합니다. 돌려주세요."라며 '잃어버린 10년 신고목록'을 제출했다. 경제대란, 집값대란, 실업대란, 교육대란, 안보대란, 헌법대란 등 6란이었다. 청와대는 "IMF를 자초한 자들이 나라를 엉망으로 만들어 놓고 국민의 정부와 참여정부의 10년을 폄하한다"고 반박을 하였다. 교수신문의 참여정부에 대한 4자성어는 2003년 우왕좌왕(右往左往), 2004년 당동벌이(黨同伐異.패싸움), 2005년 상화하택(上火下澤. 서로 떠로 노는 모습), 2006년 약팽소선(若烹小鮮. 큰 나라 상대하길 생선 삶듯 하라)이었다.

작가 이문열은 '호모엑세쿠탄스'(처형하는 인간)에서 2000년 이후의 한국 상황에 대해 "민족도 이념도 순식간에 블랙홀처럼 빨아들이는 국가주도형 포퓰리즘이 게거품을 품었다"고 하였다. "군대는 주적을 잃어버렸고 시민운동이 가장 효율적인 엽관운동의 수단이 되었으며 관직은 감투에 눈이 먼 386홍위병들의 전리품이 되었고 햇볕정책은 핵이란 비대칭 전력을 가진 북한에 모래성 같은 경제적 우위를 내세워 어디 사용될지도 모르는 현금을 몇 억 달러씩 갖다 바쳤다"고 하였다.

신정아와 변양균 사건은 참여정부의 모든 것을 드러내 보였다. 시스템의 고장, 공공(公共)의 사령화(私領化), 부패, 부도덕과 위선 등이 한꺼번에 터졌다. 참여- 그것은 소속감이 지나치면 광신적이거나 배타적이 되고, 그것을 잘 못 이해하게 되면 무관심에 빠지거나 인간 사이의 상호연대를 거부하게 된다.

참여정부는 노사모와 각종 시민단체처럼 감정적이고 배타적인 참여그룹에겐 온정을 베푼 대신 보수단체나 중립적인 단체엔 불이익을 주고 상호연대를 거부하였다. 참여는 저들만의 것이었지 모두의 것은 아니었다.

그러나 참여정부가 모조리 잘못한 것만은 아니다. 잘한 일이 30%쯤은 된다.(조선닷컴, 2007.3.1. A30, 양상훈 칼럼) 검찰의 중립성 제고, 당정분리, 정치자금 규모축소, 제벌돈 안 받기, 지지세력 반대에도 국익 존중(이라크 파병), 갈등 사안에 대한 주민투표제 도입 등이 그 같은 보기다. 그러나 잘 한 일은 대부분 부작위(不作爲)에 의한 것들이었다. 무엇을 하려고 한 것이 아니라 무엇을 안 한 것이 업적이 되었다.

## 6. 완장

윤흥길의 소설 '완장'은 이렇게 전개된다. 땅 투기에 성공을 한 최 사장은 저수지 사용권을 얻어 양어장을 만들고 그 관리를 건달 종술에게 맡긴다. 종술은 적은 급료에 시큰둥해 하다가 완장을 차게 해준다는 말에 귀가 번쩍 뜨여 관리인으로 취직을 한 다음 낚시꾼들에게 완장을 휘두른다.

팔에 두른 비닐 완장은 종술에게 엄청난 권력이었다. 그 서푼어치 권력은 저수지에서 낚시질을 하던 도시의 남녀들에게 기합을 줄 수도 있었고 고기를 잡던 초등학교 동창에게 폭행을 가하기도 하였다. 읍내에서도 완장을 차고 거리를 활보하며 자아도취에 빠졌다.

급기야 종술은 최 사장 일행의 낚시질까지 금하다가 관리인 자리에서 쫓겨나고 만다. 그러나 완장 중독이 된 종술은 해고에도 아랑곳 않고 저수지 지키는 일에 몰두하다가 가뭄 해소책으로 저수지 물을 빼야 한다는 수리조합 직원과 경찰에 맞서다 열세에 몰려 완장의 허황됨을 일깨워주던 술집 애인 부월의 충고를 듣고 물러선다. 종술에게 완장은 권력이었으나 부월에게는 허깨비 같은 존재였다.

우리나라 공무원들 중에는 종술이 같은 사람들이 많다.

행자부와 각 시.도 선거업무 담당 공무원 16명이 단기 해외연수를 다녀와 인터넷에 있는 대학생의 리포트를 그대로 베껴 연수보고서를 냈다. 14일간 5개국 연수비는 1인당 400만 원이었고 말이 좋아 연수지 실제로는 관광이었다. 세금을 걷어야 할 국세청장(전군표)은 부하의 뇌물을 받았다가 쇠고랑을 찼으며 세무 공무원의 손가락 하나는 1억 원을 달라는 신호였다.(중앙일보, 2007.4.12. 10) 서울 성북구청 직원들은 출장을 가지 않고도 간 것처럼 꾸며 수년간 수십억 원을 후무렸다.

중앙정부에서 지자체 공기업에 이르기까지 공(公)자가 붙은 곳곳이 이런 식이었다. 국민 세금으로 흥청망청 돈잔치를 벌였다. (조인스 닷컴, 2007.10.19. 사설) 퇴직을 앞둔 공무원들은 공로 연수를 간다면서 부부동반 여행을 즐겼고 근로복지공단 임원들은 업무추진비로 평일에 골프를 즐겼다. 보기를 들자면 한이 없다.

원자바오(溫家寶) 중국 총리는 1995년 겨울 산동성 방문 때 입었던 점퍼를 2006년 방문 때도 입고 갔다. 네티즌 눈에 띄어 인터넷에 올랐다. "주름지고 녹색 점퍼를 입은 총리, 그는 보통 노인과 같다. 감동했다. 온 총리가 갈수록 주은래 총리를 닮기를 바란다."고 하였다. 댓글이 줄을 이었다. "이런 감동적인 장면을 볼 때마다 눈물이 난다. 이런 총리를 가졌다는 것이 행복하다. 중국과 인민에 희망이 있다"고 하였다.

북한은 미국 돈을 위조하여 빗나간 기술 자랑을 하는

판에 한국 조폐공사는 새 돈 500원 권을 잘 못 찍어 리콜을 하였다. 세상에 돈을 리콜한 나라가 어디 있을까. 조폐공사 실력이 그 정도 밖에 안 될까. 그러고도 책임진 자가 없고 묻는 자도 없다니….

국세청은 올해 200조원의 세금을 걷는다. 2002년엔 135조원이었다. 국민 1인당 2002년 285만원에서 414만원으로 는 셈이다. 국민들은 이런 세금을 내고도 주인 대접을 못 받고 있다. 참여정부 정무수석을 지낸 유인태씨는 정부 부처 국장 판공비가 나보다 훨씬 많더라. 정보공개가 제대로 안 되어 세금이 줄줄 새고 있더라고 하였다.(동아일보, 2003.4.9. A5) '나무도 아닌 것이 풀도 아닌 것이'를 쓴 손풍삼씨(청와대 등 여러 곳에서 근무했음)도 "직업 관료들이 얼마나 무책임하고 허술하게 국사를 처리했는지 반성하고 있다"고 하였다.

최고 권부에 앉아 나라와 백성을 깔고 뭉갠 변양균, "미리 불면 죄 값을 깎아주겠냐'던 전군표 국세청장, 삼성으로부터 철철이 돈이나 대접을 받았다는 법조계와 고위 공무원 그리고 언론계 등등.....완장이 날뛰면 나라는 잡초밭이 된다. 대명천지에 종술 같은 완장은 이젠 없어져야만 한다.

## 7. 공공의 사령화

대통령의 말씀처럼 "우리나라에도 이런 공무원이 있을 줄은 몰랐다"던 변양균씨(신정아-변양균 사건의 주인공)가 세상을 벌컥 뒤집어 놓았다. "깜도 안 된다"던 대통령의 말씀은 코미디가 되었다. 변씨에 대한 검찰 기소문은 "고위 공직자가 권력을 남용하여 비리를 저지르고 국가기강을 문란케 한 죄"였다. 이른바 공공(公共)의 것을 개인의 것인 냥 함부로 한 '공공의 사물화(私物化)'에 대한 사법처리였다.

세금징수의 우두머리격인 국세청장(전군표)이 부하로부터 수천만 원을 상납 받았다가 쇠고랑을 찼다. 가관인 것은 이미 구속된 부하의 자백을 뒤집으라고 또 다른 부하에게 심부름을 시키고도 '나는 결백하다'는 것이었다. 언론에서는 자기 봉급을 모아 상납하는 공무원은 없다면서 윗사람이 받은 돈은 결국 백성들의 돈이라고 하였다. 이 역시 공공의 사령화에 해당되는 것이다.

이해찬 전 국무총리가 부산 기업인들과 3.1절 골프를 쳤다가 낙마한 적이 있다. 그 때 기업인들은 교원공제회 기금과 같은 공금을 이용, 사업을 크게 확장한 사람들이었다. 뒤에는 권력이 있었다. 이들과 함께 나라 일은 제쳐놓고 골프에 나선 것은 공인으로서는 지극히 부적절한 처신이었다. 이를 두고 당시 교육부총리였던 김진표씨는 골프는 안 되고 등산은 되냐는 뚱딴지같은 말도 하였다.

MBC가 '일요일 일요일 밤에'라는 프로그램(2006.4.30)에 특정 영화를 선전했다가 방송위원회로부터 중징계를 당하였다. KBS는 적자를 내세워 시청료를 올려야 한다면서도 임직원 봉급과 성과급까지 챙겼다. 이들 또한 공공의 사령화였다. 방송광고공사, 산은, 한국투자공사, 주택금융공사, 농업중앙회, 조폐공사...끝이 없다.

1970년 5월 사상계 5월호에는 김지하의 담시(譚詩) '오적'이 실렸다. 오적은 재벌, 국회의원, 고급 공무원, 장성, 장차관 등 이었다. 이 시로 말미암아 세상이 벌컥 뒤집혔고 김씨는 죽지 않을 만큼 맞았으며 사상계는 문을 닫아야 하였다. 세월이 흘러 1966년 10월 당시 '오적'은 국회의원, 교육위원, 한총련, 폭력배, 무능 공무원 이었다. YS정부 시절의 얘기다. 2006년 6월 뉴라이트운동 시민단체인 '자유주의 연대'의 '선진화 가로 막는 오적'은 전교조, 민노총, 한총련, 통일연대 그리고 빈 칸이었다. 빈 칸은 앞으로 두고 봐야겠다는 것이었다. (문화일보, 2006.12.22. 34, 시론, 김성호) 이들 '오적' 또한 공공을 사령화한 자들이었다.

1996년 '오적' 중 하나인 한총련에 대해 "한총련 나오신다 한총련님 재주보라 쇠파이프로 사람치고 화염병으로 불사른다 주체사상 학습하고 김정일에 충성편지 쓴다"고 썼고 2006년 '오적'은 "학생을 볼모로 잡다시피 하는 전교조의 연가투쟁, 툭하면 폭력적인 총파업에 들어가는 민노총, 이미 8년 전에 이적단체 판결을 받고도 암약 중인 한총련, 인공기만 봐도 눈물이 난다는 사람이 활약하는 통일연대" 라고 썼다.

공공의 사령화는 제 스스로 무엇을 만들지 않고 남의 것을 후무려 자기 것으로 만들려고 하는 사람들의 불량한 행위이다. 공공을 사령화할 수 있는 가장 쉬운 길은 완장을 차는 것이다. 완장을 차면 공공재에 대한 처분 등에 있어서 결정권을 갖게 된다. 이 때 공공재를 사물화 함으로써 제 배를 채운다. 도둑도 이런 도둑은 없다.

미국과 캐나다를 오갈 때면 미국의 국경검문소에 들러야 한다. 검문소 벽에는 이런 글귀가 쓰여 있다. "나라의 녹을 먹는 자들이여 최선을 다하라. 당신들의 제복은 나라가 준 것이다. 성심 성의껏 봉사하여 명예를 드높여라." (Earn it with hard work. Wear it with pride. Honor it with integrity.)

## 8. NGO

민주주의는 입법, 사법, 행정의 3권(3부)이 분립되어 서로를 견제하며 발전하여 왔다. 그러나 이것만으로는 충분치가 않자 언론이 생겼다. 그래서 언론을 제4부라 한다. 4부도 한 통속인 경우가 많아짐에 따라 제5의 권력이라 부르는 시민단체인 NGO(nongovernmental organization.비정부기구)가 탄생하였다.

NGO는 시민의, 시민에 의한, 시민을 위한 시민단체를 말하며 이들은 본래 계급이익을 추구하던 노동운동과 달리 공화주의에 입각한 사회공동선을 추구하였다. 뿐만 아니라 반체제 변혁운동과 달리 체제 내의 개량을 추구함으로써 보다 나은 사회를 만드는데 그 목적이 있었다.

1993년 경제정의실천연합이 대표상품으로 내놓은 금융실명제가 김영삼 정부에 의해 전격적으로 채택되었다. 그 후 경실련의 인지도가 대단히 높아졌다. 1994년에는 참여연대가 출범을 하였다. 그들은 정부로부터 돈을 받지 않고 재벌의 횡포를 바로 잡기위해 소액주주운동부터 벌이겠다고 하였다. 이후 수많은 시민단체들이 우후죽순 격으로 나타나 합종연횡을 하며 5부 시대를 열었다.

NGO는 우리사회에 엄청난 파장을 일으켰다. 대표적인

사례가 2000년 낙선운동, 2002년 촛불 반미운동, 2003년 이라크 파병반대, 2005년 인천 맥아더동상 철거투쟁, 2006년 평택 미군기지 이전저지 투쟁 등이었다.

이처럼 NGO는 정치적인 민중운동의 시민운동화로 말미암아 민중운동과 시민운동의 경계를 애매하게 만들어버렸다. 시민적인 도덕성이 있어야 할 자리에 증오심의 집단이기주의가 들어섰고 숙의민주주의(deliberate democracy)가 자리잡아야할 곳에 대중선동적인 포퓰리즘이 똬리를 틀었다.

'시민단체 덕에 대통령이 될 수 있었다'던 노무현 대통령의 말은 시민운동을 순수한 시민운동으로부터 벗어나게 만들었다. 정치권력과의 유착, 손쉬운 자금 확보는 시민단체의 도덕적인 타락을 부채질하였다. 시민 없는 시민운동, 저들만의 시민운동, 정치적인 시민운동이 급발진을 하게 되었다. 비정부 기구가 아니라 준정부 기구(neargovernmental organization)가 된 것이다. 반언론(反言論), 반정당(反政黨)을 기치로 내걸고 나섰던 시민단체가 반언론(半言論), 반정당(半政黨)이 되었다.

참여연대가 25억 원짜리 새 사옥 땅을 구입하기 위해 '후원의 밤'을 열었다. 850여 업체에 초청장을 보냈다. 당시(2006.4) 참여연대는 38개 재벌의 편법상속 자체 조사결과 발표를 앞두고 있었다. 한쪽으로 협박하고 다른 쪽으로 손을 내미는 꼴이었다. 환경운동연합 산하단체는 감시대상 기업에 환경제품을 강매하기도 하였고 기업이 돈을 주면 대부분 시민단체들은 영수증 처리를 해주지 않아 기업이 손비처리에 골치를 앓기도 하였다.

시민단체는 사실상 정부를 움직였다.(동아일보,2006.9.5.A6) '참여연대 보고서 분석'에 따르면 김대중 정부에서부터 노무현정부에 이르기까지 참여연대 사람들이 정부기관, 정부 산하 각종 위원회의 자리를 차지하여 문제를 제기하면 정부가 받아 입법을 하거나 정책으로 만들어 시행을 하였다. 2005년만 해도 10937개 단체가 1750억 원을 지원받아 일부는 정부정책에 반대하는 불법집회나 시위를 벌이기도 하였다. 이 같은 단체에는 지원금을 중단하자고 하였으나 한명숙 총리, 함세웅 신부가 공동위원장인 '평화적 집회. 시위문화 정착을 위한 민관공동위원회'가 반발을 하였다.

시민을 배반한 시민단체의 말로는 신뢰의 위기로 치달았다. 경실련, 기독교 윤리 실천운동, 녹색미래, 흥사단 등 4개 시민단체가 순수성을 되찾고 정치 편향성을 반성하겠다고 나섰다. 이들은 1987년 6월 항쟁 후 시민운동이 흑백논리나 비타협적인 투쟁으로 일관, 자기주장만 내세우는 전문성이 부족한 집단의 이미지를 갖게 되었다면서 성숙하고 책임 있는 단체로 태어나겠다고 하였다.

그렇다. NGO는 다시 태어나야 한다. 우선 도덕적인 순수성부터 갖추어야 한다. 정부 앞잡이 같은 NGO, 세금을 제 돈인 양 마구 쓰는 시민단체는 없어져야 한다. 부끄러움을 알아야 한다.

## 9. 노블레스 오블리쥐

가진 자의 의무감(책임의식)을 노블레스 오블리쥐(noblesse oblige)라고 부른다. 이 말은 1808년 프랑스의 정치가 가스통 삐에르 마르크(Gaston Pierre Marc)가 '고귀한 신분에 따르는 사회적 의무'를 강조하면서 쓴 말에서 유래하였다. 반대말은 노블레스 말라드(noblesse malade)다. '병들고 부패한 귀족'이라는 뜻이다.

로마제국이 1000년을 갔던 것은 바로 노블레스(귀한 자)들의 오블리쥐(책임감) 때문이었다. 지성에서는 그리스보다 못하고 체력에서는 켈트(Kelt)나 게르만(German)보다 못했으며 경제력에서는 칼타고(Cartago)보다 못했던 로마가 거대 제국을 오랫동안 유지할 수 있었던 비결은 바로 사회 지도층의 노블레스 오블리쥐 정신 때문이었다. (시오노 나나미, 로마인 이야기)

1차 세계대전 때 영국 귀족계급의 50대 남자 중 25%가 전사를 하였고 옥스퍼드 캠브리지 대학생의 절반이 숨졌다. 찰스왕세자는 공군 조종사로 근무를 하였으며 그의 아버지 필립공은 2차 대전 참전 용사로, 그의 아들 해리는 육사를 졸업한 뒤 아프가니스탄 전쟁에 참전, 최전방 근무를 하였다.

세계 2위의 부자 버핏(Warren Buffet)은 재산의 85%인 374억 달러(약 36조원)를 5개 자선단체에 기부를 함으로써 개인 이익을 사회에 환원하였다. 기부금 대부분은 세계 1위 부자인 빌게이츠 부부가 운영하는 빌 앤 멜린다 게이츠 재단(Bill & Melinda Gates Foundation)에 냈다. 버핏은 12달러짜리 이발을 하고 20달러짜리 고기 집에 가며 중고차를 타고 다닌다. 50년 전에 31,500달러를 주고 산 네브래스카 주의 오마하 집에서 검소하게 살아간다고 해서 '오마하의 야인'이라고 부른다.

미국을 돌아다녀 보면 곳곳에 기념물이 서 있다. 워싱턴에는 링컨기념관이 있다. 그는 독학으로 변호사가 되었고 나중엔 대통령이 되었다. 가방끈이 짧아 늘 말조심을 하였다. 변호사 시절 말 잘하는 사람이 부러웠다. 셰익스피어를 읽으면 말을 잘 할 수 있다는 말에 셰익스피어 연극에 몰두하기도 하였다. 그가 포드 극장에서 총에 맞아 숨진 것도 셰익스피어 연극을 보러 간 것이 화근이었다는 말도 있다. 저 유명한 게티즈버그 연설이 간결하면서도 감동적인 것은 수사(修辭)에 대한 그의 순정성 때문이었다.

우리 사회에도 자신의 생명과 재산을 나라와 백성을 위해 초개같이 버리고 말을 아낀 사람들이 많았다. 고경명 장군은 임진왜란 때 의병을 일으켜 싸우다가 3부자가 전사를 하였다. 이시영 전 부통령 가문은 한일합방이 되자 6형제가 지금 돈으로 치면 1,000억 원이 넘는 재산을 처분하여 독립운동에 썼다고 한다. 왜정 때 안동에는 당대의 파락호 김용환(1887-1946)이라는 사람이 있었다. 노름판엔 꼭 그가 있었다. 돈을 잃으면 소리를 질러 숨어 있던 '일당들'이 몽둥이를 들고 나타나 돈을 털어 달아났다. 그는 큰 재산을 노름으로 날렸다. 그의 사후 그 노름은 독립운동 자금 마련을 위한 위장전술임이 드러났다. 1946년 그의 임종 때 "이제는 말 합시다"는 '일당'의 말에 "선비로서 당연한 일을 했을 뿐 얘기할 필요 없다"는 말을 남기고 눈을 감았다.

맹구 같은 대통령이 내 잘못이 뭐냐고 하였다. 정계은퇴를 약속했던 사람들이 말을 뒤집고 다시 활개를 쳤다. 날 좀 보라는 듯 으스대던 재벌 회장님들이 어느 날 휠체어에 마스크를 쓰고 아이고 아이고 죽는 시늉을 하였다. 따지던 국회의원이 답하던 공무원과 어울려 밥에다 술에다 세금을 물 쓰듯 하였다. 선생님이 제자를 성추행하고 지도층이란 사람들이 마누라를 바꿔가며 동물농장 놀이를 하였다. 자리에 어울리지 않는 사람이 너무나, 너무나도 많다.

"다른 사람들보다 오래 산 것 같아 염치없다. 이룬 것보다 더 인정을 받은 것 같아 죄송하다."던 박경리 선생의 말에 소설가 강석경은 "은잔같이 빛나는 그 정신을 흠모해 왔다"고 하였다. 죄송하다는 사람이나 흠모한다는 사람이나 토란잎에 물방울 구르듯, 그런 사람들의 그런 말이 있어 그나마도 얼마간 위안이 된다.

신방과 교수의 신문읽기
명사와 형용사로만 쓴 진보이야기

지은이·조용철
펴낸이·양계봉
만든이·김진홍

펴낸곳·도서출판 전예원
주소·경기도 용인시 처인구 모현면 초부리 519-6
전화번호·031) 333-3471. 전송번호·031) 333-5471
e-mail·jeonyaewon@lycos.co.kr

출판등록일·1977년 5월 7일. 출판등록번호·16-37호

2007년 12월 10일 초판 1쇄 발행

ISBN·978-89-7924-037-6 04840

※ 잘못된 책은 바꿔드립니다. 값 12,000원